刘秀伟 著

化学工业出版社
·北京·

本书以循序渐进的方式，分步骤，递进式引导学生了解广告设计中创意、文字、图形、色彩设计的全过程，使学习者在学习过程中掌握广告设计的每一个环节，了解在学习中要学到的和解决的是什么问题，结合实际的课题分步骤完成不同的设计任务，为将来走向社会更好地完成设计任务。

本书适合普通高校广告设计等相关专业师生使用，也适合于艺术设计、广告设计等相关专业的从业者和爱好者。

图书在版编目（CIP）数据

广告设计教程/刘秀伟著．—北京：化学工业出版社，2017.4（2025.2重印）
ISBN 978-7-122-28863-9

Ⅰ.①广… Ⅱ.①刘… Ⅲ.①广告设计-教材 Ⅳ.①F713.81

中国版本图书馆CIP数据核字（2017）第074922号

责任编辑：李彦玲　　　　　　　　　　　　　装帧设计：李雨濛　韩翠霞　史利平
责任校对：王素芹

出版发行：化学工业出版社（北京市东城区青年湖南街13号　邮政编码100011）
印　　装：涿州市般润文化传播有限公司
889mm×1194mm　1/16　印张8　字数207千字　2025年2月北京第1版第8次印刷

购书咨询：010-64518888　　　　　　　　售后服务：010-64518899
网　　址：http://www.cip.com.cn
凡购买本书，如有缺损质量问题，本社销售中心负责调换。

定　价：48.00元　　　　　　　　　　　　　　　　　　　　　　版权所有　违者必究

写在前面的话

当我为本书画上最后一个句号时,内心深处却没有释然。二十年的广告教学生涯,十四个月的伏案思考与写作,这个句号不是终结,反而预示着开始。广告,这个伴随着经济发展,在当下信息时代爆棚的艺术表现形式,已经成为人们生活中不可缺少的"事物"。记得十五年前只有一岁还在牙牙学语的儿子,不论在玩什么,只要听到电视播放脑白金广告,他会马上放下手中的"活计",直直地站在电视前面,盯着画面合着广告语说出最后一个字"金",才带着憨笑满意地跑开。这样的镜头屡次出现在我的面前,让我深思广告的魅力。文字、图形、色彩,这些单一要素如何组合、搭配?如何创造出"非凡"的作品?既取决于广告的创意,更根植于设计者的修养。"情理之中,意料之外。"一句所有广告人都知晓的话,真正做起来却是着实的不容易。"化腐朽为神奇",创造让人眼前一亮的广告作品,我们先期要学会的就是"阅读"。大凡广告作品是没有设计说明的,设计者要学会"阅读",寻找设计源点,理解要素的组合方式,进而不断地提高自身的艺术修养和文学修养。"工欲善其事,必先利其器。"相信设计者会在不断的"阅读"中进入创作的"鼎盛时期"。

广告很大,可以包容世间万物。但是再大手笔的广告也是由一个小得不能再小的创意源点发散出来的"冲击波"。由此,在本书的撰写中我将"大"的理论,分解为"小"的知识点,旨在希望设计者汇小溪而成江河,聚江河而入大海。广告没有终结,同志还需努力!

本书是我撰写的又一本关于广告设计方面的教材,书中参考了部分相关文献资料,在此对其设计者和作者深表谢意。

书中的不足和疏漏之处,敬请专家学者和广大读者批评指正。

本书为北京印刷学院校内特色教材立项项目,项目编号:22105116009/003。

刘秀伟
于北京印刷学院
2017年2月

目录 CONTENTS

001 开篇章　走进广告的世界

003 | 一. 广告定义

003 | 1. 承担责任收获利益

003 | 2. 选择媒介有效宣传

003 | 3. 有偿付费达到目的

004 | 4. 商业公益并存其中

004 | 5. 信息编码传播核心

004 | 二. 划分类别

005 | 1. 传播目的划分类别

007 | 2. 媒介载体划分类别

010 | 3. 营销范围划分类别

010 | 三. 追根溯源

010 | 1. 世界广告发展史

012 | 2. 中国广告发展史

014 | 四. 作业命题

015 第二章　改变世界的创意

016 | 一. 创意概念

016 | 二. 创意动力

016 | 1. 用发散思维创造新奇

017 | 2. 放大每一个设计源点

018 | 3. 改变过往的思维模式

018 | 4. 否定与颠覆中的设计

020 | 三. 创意表现

020 | 1. 展示法

022 | 2. 联想法

023 | 3. 比喻法

023 | 4. 对比法

024 | 5. 拟人法

024 | 6. 幽默法

025 | 7. 情感法

025 | 8. 夸张法

025 | 9. 置换法

027 | 10. 名作法

027 | 四. 作业命题

027 | 1. 全国大学生广告艺术大赛

028 | 2. 作业展示

039 第三章　说明缘起的文字

040 | 一. 标题文字

040 | 1. 类型划分

041 | 2. 注意要点

041 | 3. 功能表现

043 | 二. 说明文字

044 | 1. 说出真相

049 | 2. 翔实好记

049 | 3. 注重编排

050 | 三. 广告口号

052 | 1. 简练易读

052 | 2. 趣味生动

053 | 3. 指向明确

053 | 4. 现代感强

054 | 5. 内容可易

056 | 四. 作业命题

056 | 1. 中国大学生广告艺术节学院奖

057 | 2. 获奖作品

067 第四章　视觉主角的图形

068 | 一. 图形作用

068 | 1. 内容直观

070 | 2. 形象生动

070 | 3. 特色鲜明

071 | 二. 图形元素

071 | 1. 点元素

072 | 2. 线元素

074 | 3. 面元素

076 | 三. 图形语言

076 | 1. 绘画语言

078 | 2. 漫画语言

079 | 3. 图案语言

079 | 4. 图表语言

082 | 5. 符号语言

082 | 6. 摄影语言

084 | 四. 图形技巧

084 | 1. 具象表现

084 | 2. 抽象表现

085 | 3. 意象表现

093 | 五. 作业命题

093 | 1. 时报金犊奖

094 | 2. 获奖作品

101 第五章　情感宣泄的色彩

102 | 一. 色彩应用

103 | 二. 色彩特性

103 | 1. 光与色

103 | 2. 三要素

107 | 三. 色彩情感

108 | 1. 色彩的华丽感

108 | 2. 色彩的冷暖感

108 | 3. 色彩的明暗感

109 | 4. 色彩的味道感

111 | 四. 色彩组合

111 | 1. 主角色直指诉求理念要点

112 | 2. 配角色衬托主角色的魅力

113 | 3. 支配色控制画面色彩感觉

114 | 4. 融合色收敛画面游离状态

114 | 5. 强调色令画面灵动与跳跃

115 | 五. 作业命题

115 | 1. 全国生态文明（建设节约型社会）主题招贴设计大赛

115 | 2. 获奖作品

开篇章 | 走进广告的世界

开篇章	走进广告的世界	001
第二章	改变世界的创意	015
第三章	说明缘起的文字	039
第四章	视觉主角的图形	067
第五章	情感宣泄的色彩	101

广告在现代生活中几乎随处可见。21世纪，世界已步入一个信息的时代，信息技术迅猛发展和普及，促成了广告信息流量的飞速增加，广告设计与传播发生了翻天覆地的变化。科学技术的发展让"不可能变为可能"。"一切皆有可能"这句来自于李宁品牌的广告口号，正是根植于瞬息万变的信息社会。企业制造商品，广告制造消费者。广告以它特有的魅力，传播着新的商品信息，推动着新的文化创造，新的意识更新，新的生活样式转化。

当下，许多同类产品已经远远地超出了人们的消费需求，为了使这些人类生产制造的"社会新事物"能够顺畅地销售出去，设计师只有不断地、深层次地发掘"新事物"的形象魅力来最大限度地扩充着消费者的需求欲望。而广告招贴的形象信息是诸多形象信息中最重要的一部分，也是承载消费信息最多的一部分（图1-1）。

图1-1/2019年/戛纳国际创意节/铜狮奖/企业出版集团：沉浸在书中（中国香港、北京）

一. 广告定义

广告是为了某种特定的需要,通过一定形式的媒体,公开而广泛地向公众传递信息的宣传手段。"广告(Advertising)"作为一个舶来词源于拉丁文"Adverture",有诱导和吸引注意之意,后演变为古英语的"Advertise"一词,含有在报章、公共场所启事上公布、展现、宣传(自己的事情)的意思。

广告从狭义上讲是一种市场营销行为,用于劝说大众,以引发产品购买行为,即商业广告。另一方面从广义上认识广告,它是一切为了沟通信息、促进认识的广告传播活动,无论是否作用于商业领域,是否将营利作为运作目标,只要具备广告的基本特征,都是广告活动。

19世纪末期以前,西方社会对广告的普遍定义是:广告是有关商品和服务的新闻。美国"现代广告之父"阿尔伯特·拉斯克(Albert D. Lasker)认为:广告是印刷形态的推销手段。《辞海》(1997年版)的解释是:向公众介绍商品,报道服务内容或文娱节目等的一种宣传方式,一般通过报刊、广播、电视、招贴、橱窗布置等形式进行。《韦氏国际大辞典》则认为:广告是任何形式之公告,其目的在于直接或间接帮助销售商品,帮助公布主义、学说或观念,或帮助引起公众的注意以参加集会等。

而美国市场学会给出的定义是对现代广告理解较深刻,影响较大的一种:广告是由可识别的倡议者,用公开付费的方式,对产品或服务或某项行为的设想所进行的非人员性的介绍。这个定义在含义上已涉及非商业类广告,但该定义仍把主体定位在产品概念上。因此说,这个定义就商品广告而言是比较准确的。

基于上述分析,我们可以这样来定义现代广告设计,即一种由广告主或企业在承担相应责任的情况下,采用公开付费的方式,通过一定的传播媒介,将经过有效提炼和艺术加工的特定信息传递给目标消费者,以达到改变或强化目标消费者观念和行为的目的,从而获得一定收益的信息传播活动。

由此定义可以总结出,广告活动要有以下几个基本要素。

1.承担责任收获利益

即广告的主体,包括广告主及其代理者和目标受众,广告主就是商品的经营者或是服务的提供者,也是广告费用的承担者和利益的收获者;代理者就是广告工作者,包括个人或广告公司,他们受雇于广告主,代表广告主从事相关广告工作,他们和广告主一起要对广告活动承担相应的责任。目标受众就是广告信息的受众,也是商品的消费者,是广告主通过媒介传播的信息所影响的群体。

2.选择媒介有效宣传

广告信息是广告的发布者通过大众媒介进行传播的,而不是个体人与人之间的口头传递。广告媒介是广告信息的传播渠道和通道,是将经过提炼的信息传递给受众的载体。大众广告媒介有报纸、杂志、电视、网络、户外和广播等,不同的大众媒介,广告活动所采用的形式也有所不同,如:网络主要采用文字和动态影像的形式,电视是通过将视觉、听觉等多种表现形式综合运用表现,而户外则采用文字和静态图像等形式进行表现。

3.有偿付费达到目的

广告活动是一种有效计划、筹划的有目的的活动,会存在诸多劳动力、生产力综合参与,所以广告主必须要付出相应的费用,才能有效地达到预期的目的,从而获得相应的利益。

4.商业公益并存其中

广告活动分商业性和非商业性,两者的不同即是受益者的不同。前者的受益者是企业或是商家,而后者的受益者是社会或是广大群众。但两者也有相同之处,即同时会为社会发展带来相应的利益,其中有经济利益和精神利益等。

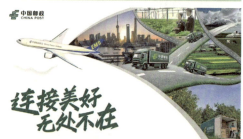

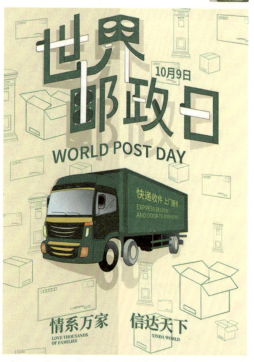

图1-2/2023年/世界邮政日海报(中国)

5.信息编码传播核心

即广告所要传播的信息,广告信息又叫广告文本,是信源对某一观念进行编码的结果,是对观念或思想的符号创造,是广告传播的核心,包括产品的相关信息、服务的信息、思维意识的信息等内容。

由此,在以上基础要素上为广告下一个准确的定义,应该注意以下几点。

① 应该包括广告分类全部。也就是,既能体现公共广告,也能体现商业广告的含义。

② 应能反映广告活动的实质。即有偿地信息传播,并负有责任。

③ 应能反映广告活动的形态。即必须通过媒体。

广告定义:

广告是以付费方式,通过一定的媒介,向一定的人,传达一定的信息,以期达到一定目的的、有责任的信息传播活动。

为了便于记忆,上述定义可以缩称为 "有偿的、有责任的信息传播活动叫广告。"

二. 划分类别

社会的多样性和需求的差异性导致了广告招贴设计在不同的标准下有不同的划分,于是就有了从广告招贴设计传播目的、广告招贴设计承载信息的媒介、广告招贴设计传播的范围等不同方面的分类划分。

1.传播目的划分类别

按传播目的对广告进行分类。广告可分为公共服务性广告(即非营利性广告)和商业性广告(即营利性广告)两大类。

(1)商业性广告

商品经营者或服务提供者承担费用通过媒介直接或间接地介绍所推销的商品或提供的服务的广告,是为了宣传某种产品而让人们去认识、喜爱并最终产生购买行为。

图1-4/2016年/戛纳国际创意节/入围奖/约旦保险公司:头盔(约旦)

图1-3/2023年/戛纳国际创意节/入围奖/瑞士运输公司:当艺术必须旅行(瑞士)

① 商业及服务性广告。此类广告即是我们日常生活中大量所闻所见的各类商品广告、企业形象广告以及诸如邮政、股票、运输、保险等服务贸易方面的广告(图1-2~图1-4)。它们具有鲜明的功利特征和强大的经济功能。同时也是一种社会文化现象,具有文化的特征和功能。我们在利用商业广告经济功能的同时,还应当把广告纳入社会文化的系统中加以考察,充分认识商业广告的文化功能及其所担负的文化责任,使之发挥其积极的作用。

② 文化娱乐性广告。电影、戏剧、音乐等方面的演出广告，以及竞技、展览、旅游等方面的广告（图1-5、图1-6）。目前，在欧风美雨，港台韩流的影响下娱乐品成了中国的流行文化。因此，设计师以迎合受众的趣味为前提，以商品的形式进行加工宣传，以消费性为显著特点，从而达到赢利的目的，这无疑使这类广告的宣传活动具备了商业属性。但是不容忽视的是它的审美教育和公益性。

图1-5/2012年/美亚电影制作有限公司: 听风者（中国 香港）

图1-6/2017年/迪拜Lynx奖/铜奖/Dnata旅游: 瑜伽/潜水（阿拉伯联合酋长国）

（2）公共服务性广告

公共服务性广告是以达到某种宣传效果而做的广告。并且，广告的发布者不以赢利为目的。公共服务性广告也称公共广告，是一种不同于商业广告的特殊广告。一般由公共广告机构组织策划创意并由媒体免费提供时间和版面发布。

① 节日、民俗活动性广告。节日广告，如国庆节、儿童节、春节等时间段的广告宣传活动（图1-7）；民俗活动广告，如冰雪节、泼水节、风筝节……国外如狂欢节、圣诞节……这类广告有别于常规性营销的特殊活动，它往往呈现出集中性和规模性的特点。

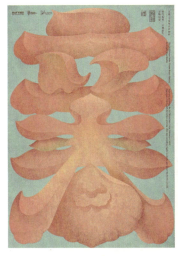

图1-7/2023年/英国D&AD全球创意奖/银奖/麦萌姐妹:二十四节气-立春/芒种/大雪(中国　作者:吴亮)

② 社会保护性广告。保护妇女、儿童权益、防止环境污染、交通安全、禁烟、安全用电、防火、防盗……(图1-8、图1-9)。

③ 社团活动性广告。社会团体活动、学术会议、政党的宗旨和方针的宣传、征兵等,国外的竞选广告也属此类(图1-10)。

④ 政府公告、文告。政府发布的各种告示、政令等。

⑤ 个人启示性广告。挂失声明、征婚、招聘、礼仪祝贺、讣告、寻人等。

2. 媒介载体划分类别

按照传播媒介的不同进行广告的划分。不同的媒介,广告的表现就有不同的特点,在实际应用中,媒介的选用是制定广告策略中一个重要的环节。通常把广告按媒介的不同分为四大类。

图1-8/2023年/戛纳国际创意节/铜狮奖/自然市场(酒店沐浴产品供应商):零污染洗发水瓶(菲律宾)

图1-9/2009年/戛纳国际创意节/银狮奖/中国环境保护基金会：全球变暖/工业污染/汽车尾气（中国）

（1）印刷品广告

　　印刷品广告也称为平面媒体广告，凡利用单页、招贴、宣传册等形式发布介绍自己所推销的商品或者服务的一般形式印刷品广告，以及广告经营者利用有固定名称、规格、样式的广告专集发布介绍他人所推销的商品或者服务的固定形式印刷品广告。国家规定它不得含有虚假的内容，不得妨碍公共秩序、社会生产及人民生活，并应当具有可识别性（图1-11）。

图1-10/2014年/都柏林理工学院体育社团：在世界范围内（爱尔兰）

（2）电子广告

电子广告以电子媒介为载体进行传播的广告，如：电视、广播、电影等。

（3）户外广告

户外广告泛指以路牌灯箱、高速公路广告牌、车体、站台站牌、霓虹灯等户外媒介为载体进行传播的广告。还包括诸如：热气球、滑翔伞、飞艇、充气道具等媒介。户外广告常出现在交通流量较高的地区（图1-12）。在科学技术迅猛发展的现代社会，户外广告也引用了不少新材料、新技术、新设备，并成为美化城市的一种艺术品，是城市经济发达程度的标志之一。顶尖的广告创意、绝佳的地理位置、超大的广告尺寸被奉为经典户外广告的制胜关键。

（4）网络广告

利用网站上的广告横幅、文本链接、多媒体等方法，在互联网刊登或发布的广告。它与传统的四大传播媒体（报纸、杂志、电视、广播）广告及户外广告相比，网络广告具有独特的优势。网络是一个全新的广告媒体，速度快、效果

图1-11/2010年/亨氏番茄酱：亨氏素描（印度）

图1-12/2016年/戛纳国际创意节/银狮奖/苹果：彩条（美国）

图1-13/2015年/戛纳国际创意节/金狮奖/妈妈需要采取行动: 杂货店没有枪(印度)

理想,是中小企业发展壮大的绝佳途径,对于不断开展国际业务的大公司也有着至关重要的作用(图1-13)。

3.营销范围划分类别

广告招贴在前期发布时,都会有营销策略的制定和投放区域的划分,从而会使广告在传播区域和媒介使用上有所不同,根据这些划分可以把广告分为国际性广告、全国性广告和区域性广告。

(1)国际性广告

企业或经营者以实现国际营销目标、争取国外消费者、开拓国际市场而制作的广告。

(2)全国性广告

图1-14/公元前3000年/最早的平面广告: 寻奴(古埃及)

企业或经营者面向全国消费者和全国市场而制作的广告。由于该广告投放区域跨度较大,因此,应注意不同区域的消费者的接受特点。

(3)区域性广告

企业或经营者多是为了使企业营销策略更加完美而局限在某一个区域内传播的广告。

三. 追根溯源

广告招贴是商品经济发展的产物,哪里有生产和交易,哪里就有广告。广告出现的历史距今已有三千年。自从考古学家们从古代废墟的遗址里发现广告的踪迹。我们就开始总结经济、技术、文化的发展与广告发展的关系。可以说,广告和其他事物一样,都在不断地延续和演变,由简单形式到复杂形式,由简单叫卖到多种多样。在本节中追古论今,探求本源,寻找线索,旨在呈现广告招贴的源头与发展脉络。

1.世界广告发展史

古代广告通常的形式是口头传播。然而商业性质和政治竞选的广告已经在庞贝的废墟中有所发现,但还不是最早的。公认的最早的平面广告应该是大约公元前三千年,在埃及古城底

图1-15/1472年/第一张印刷广告：祈祷书（英国）

1450年，德国人古登堡发明活字印刷术。当印刷术在15世纪到16世纪的欧洲广泛运用时，真正意义上的现代广告诞生了。从此，西方步入印刷广告时代。1472年，英国印刷家威廉·凯克斯顿印制了第一张出售祈祷书的广告，它是世界上第一个纸介印刷广告（图1-15）。

比斯的废墟中发现的莎草纸《寻奴》广告，一个叫哈普（Hapu）的面料商声称，如果谁能报告逃亡的奴隶赛姆（Shem）的下落，并带回到他最美丽的面料商店，他将给予奖励（一块金质硬币）。在这则广告中他用这种微妙的方式宣传了自己的商品（图1-14）。该广告现存于英国国家博物馆。

1609年德国出现了世界上最早的报纸。1650年英国的《新闻周报》出现了第一篇名副其实的广告。这是一幅"寻马悬赏启事"。1655年11月1日至8日的苏格兰《政治使者》报正式使用"广告"一词，从此便沿用至今。1652年出现了咖啡广告，1657年出现了巧克力广告，1658年出现了茶叶广告，1666年《伦敦报》首开广告专栏，于是"报纸广告"作为大众传媒的一种形态，得以独立存在。并且在接下来的一个世纪中广告日益流行起来，成为社会生活和商业经济中不可缺少的一部分。

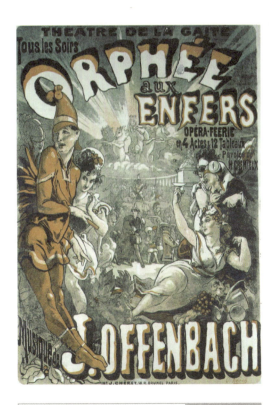

图1-16/1858年/谢列特作品：冥府里的奥尔菲（法国）

图1-17/1891年/谢列特作品：巴黎赌场（法国）

1860年法国人创始了招贴画。影响大的有：夏尔丹绘制的商业招贴惊动了巴黎、有马奈的色彩艳丽的印象画派招贴、有波纳尔的装饰风味招贴、有柴特的表演剧招贴、有劳特累克的戏剧与舞蹈系列招贴。而法国"新艺术"运动的最重要过渡时期的设计代表人物朱利斯·谢列特在设计史被称为"现代海报之父"。他一生中曾经设计出上千张海报，对于国际和法国的广告设计具有非常重要的影响（图1-16、图1-17）。1840年，美国派茂就广告公司创立。1869年，美国第一家具有现代广告商特征的艾尔父子公司创立，他们竭力说服报刊付给广告代理商以佣金。从此，佣金制度确立，广告行业日趋发展。早期的广告代理只不过是报刊的广告分销商。但到了20世纪，广告代理开始为广告的内容负责。19世纪末20世纪初美国逐渐成为世界广告大国。

2. 中国广告发展史

中国最早的广告出现于北宋时期，主要是为了突显商品品质，以商品告知为主。幌子在古代广告设计发展中是非常具有代表性的广告形

图1-18/展示商品的幌子

图1-19/实物模型的幌子

图1-20/商品附属物的幌子

图1-21/隐语暗示物件的幌子

式，一般情况下，商家卖什么商品基本上就以它或者其附属品来做幌子（图1-18～图1-24）。然而这类广告的时空限制很大，传播范围有限。只有当造纸术、印刷术发明后，才为平面广告的发展开创了新的纪元。我国是最早发明造纸术和印刷术的国家，也是最早出现印刷平面广告的国家。

中国历史博物馆所藏的北宋"济南刘家功夫针铺"的四寸见方雕刻铜版，不但有店名和广告语句，还有一个白兔商标。这是目前世界

图1-22/灯具的幌子

图1-23旗帘的幌子

图1-24/文字牌匾的幌子

上发现的最早的印刷广告文物,它比西方印刷广告早三百多年(图1-25)。20世纪80年代初曾发现一张西藏拉萨大昭寺用古版印制的拜佛求签的"签票",画面构图分割以及尺寸,都与"济南刘家功夫针铺"仿单有着惊人的相似(图1-26)。可见宋代传统的广告设计的装饰构图方法,不仅影响了中州大地,还深深地影响着边远少数民族地区。宋代"交子"是世界上最早的纸币,始于宋真宗。南宋时纸币又叫"会子"和"交子"在各地同时广泛流通(图1-27)。会子

的印刷清晰精致,设计风格和"济南刘家功夫针铺"仿单相近,画面分割略有不同,可见当时人们已具备了一定的商业美术设计能力。

1827年英文报纸《广州纪录报》在广州创刊,此报是由英国大鸦片商创办,创刊时声称是为英国人向中国人倾销商品,这是一种广告性质的报纸。1833年在广州创刊的《东西洋考每月统记传》是我国境内出版的第一份近代中文报纸,它在传播社会访华知识的同时,

图1-25/济南刘家功夫针铺的广告

图1-26/西藏拉萨大昭寺"签票"

也最早登载了"行情物价表"等商业信息及商业广告。1853年9月3日由英国传教士在香港创刊的《遐迩贯珍》月刊,以刊登新闻为主,也刊登一些商业信息及航运信息,后来设立了广告专栏。1861年11月,上海成立了第一份商业中文报纸是《上海新报》,除报道新闻外,第一、三、四版都登有大量的广告。1868年9月5日在上海由林乐知等传教士创办了《万国公报》,同时也是一份对中国近代发展影响巨大而深远的刊物之一,曾刊登汇丰银行、华英大药房等企业的通栏广告。1872年4月20日,由英国人安纳斯脱·美查和菲尔特力·美查兄弟二人在上海创办的《申报》,是我国近现代影响最大的报纸,为了赚钱也是非常重视广告业务,广告内容常占其版面的十分之七左右。

1976年中国改革开放以后,原有的广告人才,加上从海外归来的学子,广告业蓬勃发展起来。广告上的新概念也渐渐地影响着民众。中国首条电视商业广告于1979年播出,首条公益广告于1986年播出。现今,各种广告也逐渐地走向了专业化,诞生了诸多广告传媒公司。

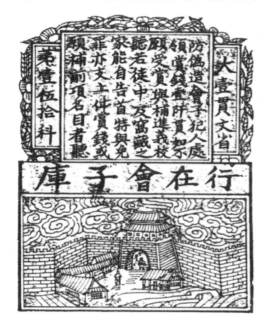

图1-27/南宋纸币"行在会子库"

四. 作业命题

1. 简述北宋时期济南刘家功夫针铺广告铜板雕刻情况。

2. 简述现代广告与传统广告的区别。

第二章 | 改变世界的创意

开篇章	走进广告的世界	001
第二章	改变世界的创意	015
第三章	说明缘起的文字	039
第四章	视觉主角的图形	067
第五章	情感宣泄的色彩	101

广告招贴的创意是决定广告策划成功的关键。广告定位之后即会碰到一个棘手的问题：如何根据广告定位，把握广告主题，形成创意？成功的广告在于它能够运用独创的、新奇的诉求办法，准确地传递出商品信息，有效地诱发消费者的购买动机。因此，把握主题进行创意是广告策划的中心环节，应努力做到定位准确、创意新颖。

一. 创意概念

广告创意设计要以独特的艺术语言说服消费者及大众，以达到促销目的。从字面上讲，广告设计中"创意"的"创"指的是创造、创新之意；而"意"是指设计思想和设计策划，是为了说服消费者，推销商品的一种劳务，以及去寻找消费者的一种好办法，好点子，进而让消费者建立一种新的消费理念。所谓"创意"就是创造前所未闻和未视的，能充分反映并满足人们某种物质的或情感需要的意念或构想。创意的基本要求是：求新、求奇、求异、真实、有思想、有计划，以创意的图文加速信息的传播，传达广告的卖点（图2-1）。

美国天联（BBDO）广告公司总经理汤姆·狄龙将广告创意定义为"把原有的许多旧要素作新的组合。"李奥·贝纳也曾经指出："所谓创造力的真正关键，是如何用有关的、可信的、品调高的方式，与在以前无关的事物之间建立一种新的有意义的关系之艺术。"这两段话明确指出了广告创意在广告设计中的重要作用，这种创意往往意味着突破陈词滥调和在某种程度上对规则的反对。

二. 创意动力

初涉设计领域的人总是喜欢将优秀的创意归功于"灵感"，但实际上"灵感"这个东西几乎是不存在的，它只不过是内行人忽悠外行人的玄妙之词。创造力才是产生优秀作品的必备能力之一。

1. 用发散思维创造新奇

创造力是产生新思想，发现和创造新事物的能力，它是成功地完成某种创造性活动所必需的心理品质。创造力与一般能力的区别在于其新颖性和独创性，它的主要成分是发散思

图2-1/2016年/戛纳国际创意节/银狮奖：撒玛利亚会：丧亲之痛/老人/蜗居/校园欺凌/学习压力/变性（中国）

图2-2/2016年/戛纳国际创意节/金狮奖/弗雷多冰淇淋：巧克力/薄荷/草莓（巴西）

维，即无定向、无约束地由已知探索未知的思维方式。发散思维与创造力永远都是紧密联系在一起的。

按照美国心理学家吉尔福德的看法，当发散思维表现为外部行为时，就代表了个人的创造能力。例如创造新概念、新理论、新作品都是创造力的表现。它要求人的全部体力和智力的高度紧张，以及创造性思维在最高水平上进行。人类的文明史实质是创造力的实现结果。可以说，创造力就是用自己的方法创造新奇的、别人不知道的东西（图2-2）。

2. 放大每一个设计源点

源点指的是素材、原物，也可以泛指文化本源。提到设计中的"源点"，一般指的是创作的兴奋点，在设计中将源点表现得越完善，越容易被大众所接受，也就越契合设计初期的预想。设计师要善于抓住产品的兴奋点，努力在每一件广告作品中寻找设计的"源点"，并将其放

图2-3/2019年/戛纳国际创意节/银狮奖/肯德基：火辣脆鸡（中国香港）

图2-4/2016年/戛纳国际创意节/银狮奖/沃尔沃V40: 安全气囊-行人/骑车人/跑步的人（墨西哥）

大，直至普通人能接受并产生共鸣。我们还可以将设计的"源点"与画面本身相结合，并选择合适的产品作为道具展现出来。这种"源点"可以是独特的造型，巧妙的结构，感人的语义，深层次的文化思考等（图2-3）。放大设计源点的方法有很多，如：群组元素、链接元素、对比元素、平衡元素等。

3. 改变过往的思维模式

世界大脑先生托尼·巴赞说："必须在40分钟左右的时间内，让思想尽快地流动起来。由于大脑必须高速工作，就松开了平时的锁链，忽略习惯性的思维模式，因而就激励了新的、通常也是很荒诞的一些念头。这些明显荒诞的念头应该总是让它们进去，因为它包括了新眼光和打破旧的限制性习惯。"

这句话告诉我们，当你拿到一个命题时，最先在你脑中出现的创意其实并非创意，它只是你的惯性思维模式，是过往视觉记忆的"复苏"。作为设计师要敢于否定这些，迅速推翻，在迅速"创造"，发散你的思维，上升到数理性思维模式（图2-4）。

4. 否定与颠覆中的设计

颠覆意味着无数次的否定。列宁说过，辩证否定是辩证法中最重要的因素。辩证的否定是事物的自我否定，是发展和联系的环节，是既克服又保留，是扬弃，是否定和肯定的统一。

艺术创新同样离不开否定性思维，总要强调自己是崭新的东西，与原有传统立异标新、不相容。下面用一个简单的例证来说明这个关于否定性问题。

现在，我们拿到一个设计课题，它的题目是"北京印象"的主题招贴。相信看到这个课题后有100%的人头脑中闪现的都是北京天安门的城楼；其中会有65%的人会错误地把这种惯性思考当成灵光乍现，很快地投入到创作之中，开始寻找设计素材。可以很肯定地告诉大家，这不是设计的创意，这是物理性思考，这是纵向的思考习惯。此外，会有20%的人在否定了这个设计思路后，使用横向思考的方法，寻找新的画面语言。他们会想到长城、故宫、天坛、华表，这些画面语言还是没有跳出如何表现北京的大框架，这也不是创意。其间，会有10%的人在否定之否定的基础上交叉思考，想到了北京皇家建筑的红墙碧瓦、民居建筑中四合院、东西为巷的灰墙胡同。这些思考虽有发展，也是既能体现北京，又能表达中国的符号，但很容易和其它的创意撞车。最后，只有为数不多的5%的人，会在否定之否定的基础上再次否定自我，放射思考的信号，用以点带面的形式来表现。他们想到了天安门城楼上朱漆的大门和乳钉纹；飞檐走壁的龙之三子嘲风、九子螭吻；四合院门前门墩和抱鼓石；宅院门内的影壁墙。并将两个点作结合，甚至把三个四个点有机地联系起来，实现突破，将思考拉开，这样就形成了一个新的思考路线。此外，我们还可从北京的"现代"来自我否定的思考，创新思维，如北京的"环"和现代地标建筑等(图2-5)。

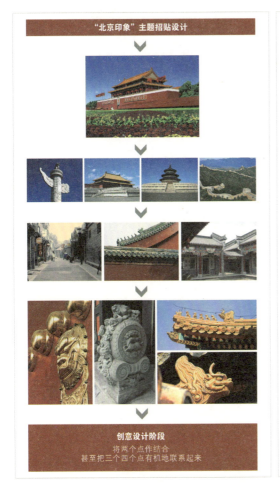
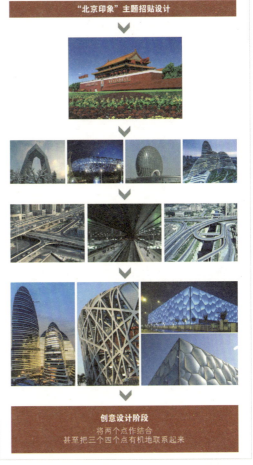

图2-5/否定与创新并行的思维

图2-6/2009年/中国印象:窗外-1949/2009(栗绍峰、赵延初)

通过上面的例证,我们认识到颠覆旧思维的过程往往很困难,可是一旦突破,日夜盼望的好创意就会出现。所以说,否定的是自我,推动的是思考的发展与创新。2009年2006级平面专业学生栗绍峰和赵延初两位同学,在设计献礼六十周年『中国印象』•我爱中国主题创意海报大赛中的设计作品就是对该论证的一个美好诠释。该作品荣获了中国印象大赛的最佳设计奖(图2-6)。

三. 创意表现

广告创意表现是创意语言的视觉化,是传递广告创意策略的形式整合,即通过传播符号,形象地表述广告信息以达到影响消费者购买行为的目的,广告创意表现的最终形式是广告作品。我们的广告招贴作品要以何种表现形式展现给受众,这就是创意表现在整个广告活动中的重要意义:它是广告活动的中心;决定了广告作用的发挥程度;广告活动的管理水平最终由广告表现总和地体现出来。广告设计的表现手法多种多样,设计者要选择最适合于表达主题创意的表现手法,以利于引起受众的注意和兴趣,从而增强广告的传播效果。下面介绍几种常用的表现手法。

1. 展示法

这是一种最常见的运用十分广泛的平面广告创意表现手法。该表现手法一般是直接而真实地把商品展示在消费者的面前,给受众留下深刻的印象。它有两种方法:一是直接展示法,二是间接展示法。

图2-7/2017年/百乐（Pilot）自动铅笔芯：环保百乐（乌拉圭）

直接展示法：即直接把产品放置在画面的主要位置中展示给受众。尤其是用来表现商品的外观和特点，可以做到形象逼真，使人一目了然。该表现手法不是自然主义的客观表现，而要在构图的安排、主体的突出、背景的衬托、色光的处理等方面进行精心的设计（图2-7）。

间接展示法：在画面中利用附属品等展示产品（事物）某一特性或者特点的一种方法，画面中的产品（事物）所占的位置相对次要（图2-8），而画面主要表现一种意境。对于那些不易直接表述的事物或产品，都可以采用该表现手法。

图2-8/2016年/戛纳国际创意节/铜狮奖/卡塔尔伊斯兰银行：打破致命的模式-几何图案/星图/蔓藤花纹/（卡塔尔）

2. 联想法

联想指的是由一个事物联想到另一个事物，或将一事物的某一点与另一事物的相似点或相反点自然地联系起来的一种思维过程，它包括：相似联想、相关联想、相反联想、因果联想等多种形式。在广告招贴设计中，联想不进行直接表现，而是注重意象的表达，通过艺术化了的视觉形象来传达某种特定的意念。下面是一套联合国儿童基金会发布的关于越南儿童的广告，摄影师Teo Chai Guan就是采用了联想的创意表现手法，表达出越南多条河水受污染，儿童饮水成长受到影响的残酷事实。该作品的内容是一系列的越南儿童照片，这些看起来好像加了滤镜特效的照片，其实全都是无PS的银盐胶片，那么为什么会变成这样，因为它们是用越南胡志明市受污染的河水冲洗出来的，而这些水是孩子们日常饮用水。设计师们希望通过这组广告，让人反思水源污染与儿童的健康问题，以及如何帮助落后地区的弱势群体。第一张作品的被拍摄者：Bao Xuyen，河流：西贡河（Saigon River）；第二张作品的被拍摄者：

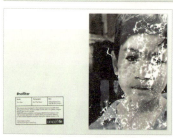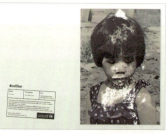

图2-9/2016年/戛纳国际创意节/铜狮奖/联合国儿童基金会：没有滤镜（越南）

第二章 | 改变世界的创意

Duc Hao,河流:雅湾河(Nga Bay River);第三张作品的被拍摄者: Du Thu,河流: 本义河(Ben Nghe River)第四张作品的被拍摄者: Minh Nguyen,河流: Dong Nai River(同奈河)。这种特别的方式会让人联想到作品背后的现象(图2-9)。

3. 比喻法

比喻法是指在设计过程中选择在本质上各不相同而在某些方面又有些相似性的事物,以此物喻彼物。作比喻的称喻体,被比喻的称本体。一般说来,喻体的形象与本体的某一特性应有相似之处,该比喻才能成立。广告运用比喻的手法,可以生动而通俗地传达主题信息,取得良好的艺术效果。比喻要确切、恰到好处,不可使人产生误解,因此要运用人们常见的事物来进行比喻,这样容易引起人们的兴趣,被人们理解和接受(图2-10)。

4. 对比法

对比法是一种趋向于对立冲突的艺术美中最突出的表现手法,它把性质不同的要素放在一起相互比较,突出诉求点。在广告设计的对比法中,有的是将本产品与另一类产品作比较,有的是将产品使用前和使用后作比较,还有的是将同一物体的不同形态进行对比(图2-11)。

图2-10/2016年/戛纳国际创意节/入围奖/黑猫蚊香: 男人/女人(中国)

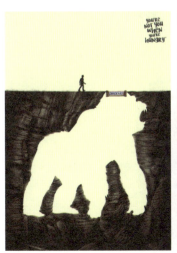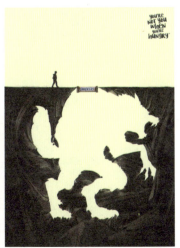

图2-11/2016年/戛纳国际创意节/铜狮奖/士力架/饥饿陷阱(阿拉伯联合酋长国)

5. 拟人法

　　拟人法是指将要所表现的对象（如动物、植物、商品等）赋予人格，即将人以外有生命甚至无生命的物进行人格化表现，使之具有人的某些特性，用以表达广告主题，以引起消费者注意，从而达到广告传播的目的。设计师应根据主题需要去按人们熟悉的性格、表情、动作去进行拟人化处理，注意形象的通俗性、愉悦性和审美性（图2-12）。

6. 幽默法

　　在广告设计中使用幽默的表现手法，可以通过富有创意的巧妙组合和喜剧性的矛盾冲突，获得意料之外而又情理之中的表现效果。该手法可以增加画面的趣味性，使受众在笑意中接受广告所传达的信息。幽默与讽刺不同，讽刺是针对不良现象的批评，而幽默则是善意的戏谑（图2-13）。

图2-12/2016年/动物保护基金会：反对虐待动物（瑞士）

图2-13/2016年/戛纳国际创意节/铜狮奖/李施德林：铅笔/纸币/钥匙（英国）

图2-14/2022年/戛纳国际创意节/铜狮奖/高露洁:微笑总有办法(法国)

7. 情感法

在广告设计中最有直接作用的艺术感染因素就是情感因素了,主要运用人的情感来打动受众的心,即从人的角度出发,创造一种与产品或主题相和谐的意境,使受众在不知不觉中接受这种产品或观念。情感是人类最能引起共鸣的一种心理感受,广告创意表现中,通常使用亲情、爱情、友情等多种情感表现方法进行广告创意(图2-14)。

8. 夸张法

夸张法是以现实生活为依据,对广告对象的品质或特性的某个方面加以强调和扩大,用以加深受众对这些特征的认识。夸张的表现形式可以是整体夸张、局部夸张、透视夸张、适形夸张等。此外,夸张要注意整体关系,不能因局部的夸张而破坏画面的整体性、协调性。在国际特赦组织(大赦国际)的广告中就采用了合理夸张的表现手法,呼吁全世界保护人权,停止不人道的行为。画面中的形象简洁明了,每张作品中均使用铁丝网元素来表现对人性的侵犯。画面整体色彩处于低彩度的范围内,并没有出现高彩度血腥的色彩,但其给人的视觉震撼力并没有因此而减弱(图2-15)。

9. 置换法

在广告设计中所谓置换法,主要是通过替换的方法,将广告元素的一部分进行更换,扰乱人们正常的思维习惯和视觉记忆,从而产生新奇感。下面这组德国伍尔特(WURTH)防噪音耳塞携手柏林Scholz&Friends广告公司,

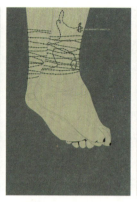

图2-15/2016年/戛纳国际创意节/金狮奖/大赦国际：屈辱/没有发言权/酷刑/隔离（中国）

发布的标题为手提钻、闹钟、飞机、钟楼的广告，就是利用置换元素的方法来设计的。如今社会生活噪声污染日趋严重，噪声让人觉得心烦意乱，无法正常工作和生活，长期在噪声严重的环境下生活，不仅会被干扰休息和睡眠，损伤听觉、视觉器官，还会使人患多种疾病。这个系列广告采用黑影影绘的表现手法，将四种具有"噪声"特点的物品概括出来，并将四种物品发声部位置换成绿色的帽型耳塞的特有形象。平面化的黑色剪影加上真实的耳塞，体现了帽型防噪耳塞强大的"禁声"功能。其鲜明的形象，深入人心，营造出安静清爽的画面氛围，同时作品也创造了强大的视觉冲击力（图2-16）。

图2-16/2017/伍尔特帽型耳塞：手寸是钻/闹钟/飞机/钟楼（德国）

10. 名作法

这种表现形式是利用著名的艺术作品包括绘画、雕塑等，加以局部变异或置换，使之服务于广告的需要。由于这些艺术作品已经在人们的脑海中留下深刻的印象，加之局部的变异和置换又能进一步引起受众的注意，因此利用名作的影响力来宣传广告商品很容易取得成功，可谓"轻车熟路"。但是采用此种创意方式时一定要注意所选名作的版权问题。著作权的保护期限为50年，即截止于创作者死亡后第50年，其作品进入公共领域。这也是我们经常会看到文艺复兴时期的名作被广泛使用在广告设计作品中的原因。图2-17这组雀巢咖啡的广告就是利用1504年左右，列奥纳多·迪·皮耶罗·达·芬奇创作的《蒙娜丽莎》、1889年文森特·威廉·梵·高创作的最后一幅《自画像》和1930年格兰特·伍德创作的《美国哥特》这三张闻名于世的名作来设计的。

 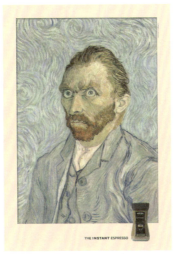 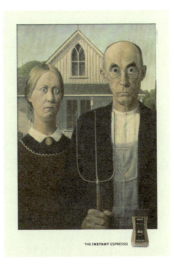

图2-17/2014年/雀巢咖啡；蒙娜丽莎/梵高/美国哥特（挪威）

四. 作业命题

1. 全国大学生广告艺术大赛

全国大学生广告艺术大赛（简称：大广赛），中国高等教育学会、教育部高等学校新闻传播学类专业教学指导委员会共同主办，中国传媒大学、全国大学生广告艺术大赛组委会承办的全国高校文科大赛。大广赛是全国规模大、覆盖高等院校广、参与师生人数多、作品水准高的大学生赛事。

（1）大赛简介

2005年为第一届，赛事每两年举办一次。自第五届大广赛之后，改为一年举办一届。大广赛将专业教育、素质教育和职业教育贯通，扩大了广告教育的辐射力和影响力，拓展了广告教育的内涵。大广赛旨在提高大学生的创新精神和实践能力，激发大学生的创意灵感，促进大学新闻传播、广告、设计、艺术教育的人才培养模式的改革，同时对于课程设置、教学内容和方法的出新起到了推动作用，极大地提高了大学生的动手能力、实践能力、策划能力和综合能力。

参赛作品分为：平面类、视频类、动画类、互动类、广播类、策划案类、营销创客类、公益类等八大类。赛事的所有选题均面向社会征集，将企业营销的真实课题引入比赛，广告实践有了更广阔的舞台。

参赛对象：适用于中国所有大学在校学生，不包括留学生。

（2）承办院校

在全国23个省，5个自治区，4个中央直辖市中设有28个分赛区。每年全国有一千多所高校参与其中，数十万学生提交作品，形成了稳定的、成熟的、具有相当规模的大学生教学实践平台。

（3）大赛宗旨、特点和形式

大赛宗旨：促进教改、启迪智慧、强化能力、提高素质。

大赛特点：一次参赛二次评选。

大赛形式：学生为主、企业参与、专家评审、专业机构主办。

（4）历届口号

第一届（2005）：创意我独有

第二届（2007）：创意我飞扬

第三届（2009）：创意我更牛

第四届（2011）：创意我绽放

专题设计竞赛（2012）：分享青春 共筑未来

第五届（2013）：创意我突破

第六届（2014）：创意我成长

第七届（2015）：创意我追梦

第八届（2016）：创意我出彩

2. 获奖作品

自2005年第一届全国大学生广告艺术大赛开赛至今，北京印刷学院设计艺术学院艺术设计系的教学团队，在12年的时间里，带领着9届1100多名学生参加了八届九次赛事，共获得了全国总决赛的94个等级奖，1个评委奖，211个优秀奖。而在每届北京分赛区的评选中印刷学院学生的获奖作品不论在等级奖和优秀奖中均在总数量中超过半数以上。视觉传达专业所有学生在大赛的中都会拿到一张属于自己的奖状，为大学四年的学习画上一个完整的句号。下面与大家分享的作品是自第一届，2002级学生开始参加大赛，历届学生在大广赛全国总决赛中的获奖作品（图2-18~图2-46）。

图2-18/2005年/大广赛全国总决赛/三等奖首汽租车：随时随地的方便（作者：李洋/指导：魏东）

第二章 | 改变世界的创意

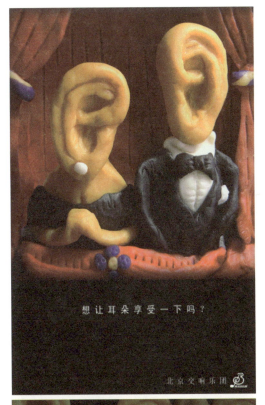

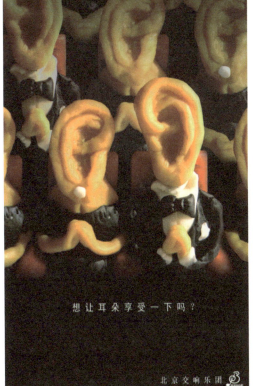

图2-20/2007年/大广赛全国总决赛/二等奖/世界读书日:黄金屋篇/千种粟篇(作者:孙彭/指导:刘秀伟)

图2-19/2005年/大广赛全国总决赛/评委奖/北京交响乐团:把耳朵叫醒(作者:李雯/指导:夏小奇)

图2-21/2007年/大广赛全国总决赛/三等奖/诺基亚:舞动的时尚篇(作者:张钰暄/指导:刘秀伟)

图2-22/2011年/大广赛全国总决赛/一等奖/可口可乐：山水篇
（作者：张烨/指导：刘秀伟）

图2-24/2013年/大广赛全国总决赛/一等奖/贝克药业：礼帽篇/皮鞋篇
（作者：赵丽媛/指导：刘秀伟）

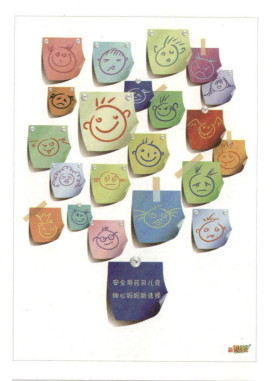

图2-23/2023年/大广赛全国总决赛/优秀奖/联通5G：未来新生活
（作者：蒋昺喆/指导：刘秀伟）

图2-25/2013年/大广赛全国总决赛/二等奖/贝克药业：便签（作者：董江玮/指导：刘秀伟）

第二章 | 改变世界的创意　031

图2-26/2011年/大广赛全国总决赛/三等奖/公益广告：同样是白纸，有梦就能飞向远方（作者：刘梦然/指导：刘秀伟）

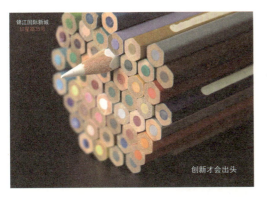

图2-27/2013年/大广赛全国总决赛/二等奖/锦江国际新城：创新才能出头（作者：魏彬杰/指导：张晓东）

图2-28/2013年/大广赛全国总决赛/三等奖/山西旅游局：山西特色（作者：孟月/指导：刘秀伟）

图2-29/2023年/大广赛全国总决赛/优秀奖/联通5G：联通双千兆，网络从不掉（作者：潘威/指导：于菁竹）

图2-30/2014年/大广赛全国总决赛/一等奖/海天招牌拌饭酱：老人小孩都爱吃（作者：李智超/指导：张晓东）

图2-31/2014年/大广赛全国总决赛/二等奖/OPPO智能手机: 蝴蝶/天鹅（作者: 董江玮/指导: 张晓东）

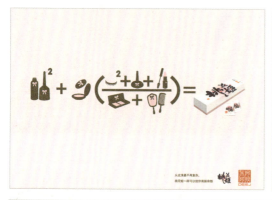
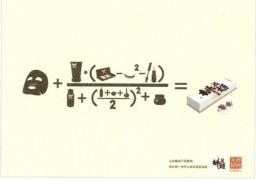

图2-32/2014年/大广赛全国总决赛/二等奖/桃花姬: 轻松美颜-清晨篇/睡前篇（作者: 鲍迪/指导: 刘秀伟）

图2-33/2014年/大广赛全国总决赛/二等奖/冰力克: 草莓/哈密瓜/苹果（作者: 薛佳莹/指导: 张晓东）

第二章 | 改变世界的创意

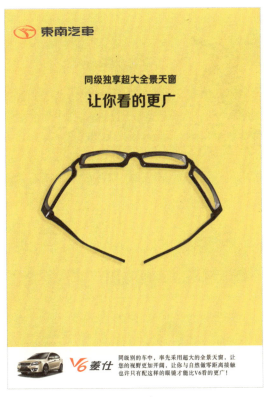

图2-34/2014年/大广赛全国总决赛/二等奖/东南汽车;眼镜(作者:田淇元/指导:张晓东)

说东道西、说三道四、说一不二、
说来说去、说长道短、说来话长、
说地谈天、说古道今、说白道绿、
说短论长、说是道非、说黄道黑、
说长话短、说千道万、说亲道热、
说好说歹、说黑道白、说长说短、
说古谈今、说梅止渴、说好嫌歹、
说是弄非、说东谈西、说是谈非、
说千说万、说嘴郎中、说白道绿、

易信怎么说都免费!

图2-35/2014年/大广赛全国总决赛/二等奖/易信:怎么说都免费
(作者:刁兴宇/指导:张晓东)

图2-36/2014年/大广赛全国总决赛/三等奖/999感冒灵颗粒:互助篇(作者:司美慧/指导:许力)

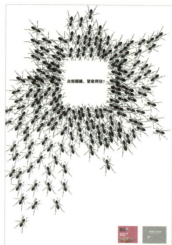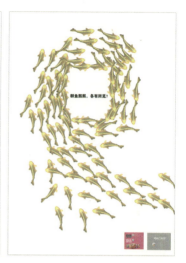

图2-37/2014年/大广赛全国总决赛/三等奖/冰力克：吸引篇（作者：祁建明/指导：张晓东）

图2-38/2014年/大广赛全国总决赛/三等奖/海天招牌拌饭酱：哇哦，海天（作者：陈海陆、崔玲玲/指导：刘秀伟）

图2-39/2015年/大广赛全国总决赛/二等奖/999红糖姜茶：暖暖的（作者：魏鸿宇/指导：李炜）

图2-40/2015年/大广赛全国总决赛/一等奖/花儿艺术旅行：跟着花儿走（作者：柴娜/指导：李炜）

图2-41/2015年/大广赛全国总决赛/二等奖/VXPLO互动大师：未来工作的必备神器！（作者：李文轩/指导：张晓东）

图2-42/2015年/大广赛全国总决赛/三等奖/艳遇中国:剪纸(作者:郭佳佳/指导:张晓东)

图2-43/2015年/大广赛全国总决赛/三等奖/艳遇中国:只为遇见美好(作者:蒿宝玥/指导:刘秀伟)

图2-44/2023年/大广赛全国总决赛/二等奖/联通5G：联通沃派通向未来（作者：张泽宇/指导：李文琦）

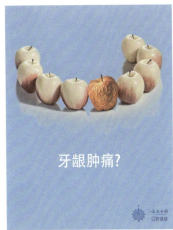 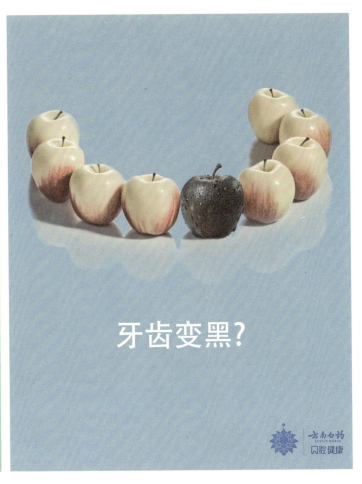 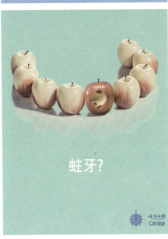

图2-45/2023年/大广赛全国总决赛/三等奖/云南白药牙膏：口腔问题（作者：陈希/指导：于菁竹）

图2-46/2016年/大广赛全国总决赛/二等奖/披萨星球：免费/好吃/有趣（作者：王琬惠/指导：刘秀伟）

第三章 | 说明缘起的文字

开篇章	走进广告的世界	001
第二章	改变世界的创意	015
第三章	说明缘起的文字	039
第四章	视觉主角的图形	067
第五章	情感宣泄的色彩	111

> 无论是何种形式的广告招贴设计，都是由某些素材的取舍、安排、配置或组合而成的，这就是平面广告的构成要素。构成广告画面的主要因素有三点：文字、色彩、图像。但是有些广告还配有声音、动画等要素，如影视广告、网络广告。人类之所以能听到、看到这些广告，都是通过广告的构成要素或广告传达给人的食物信息而得来的。人类有四万条视神经为我们服务，我们的百分之七八十的信息是通过视觉获得的，广告招贴即属于视觉类媒体。一般来说，广告招贴中必备的视觉传达要素包括：文稿、图形、色彩。这些要素就是广告招贴的视觉传达要素，又是现代广告的三大构成要素。文稿、图形、色彩在现代广告设计中分别承担各自的角色，各施所长，相互呼应，形成了统一的视觉整体。
>
> 文稿视觉传达要素是广告招贴中不可缺少的构成要素，它可以配合图形视觉传达要素来实现广告主题的创意，具有引起注意、传播信息、说服对象等功能。在今天的广告招贴作品中，文字已成为交流思想、记录历史和表达情感的重要工具。有时，采用文字说明对广告效果的烘托有着引人入胜的作用。广告招贴中的文字要素并不是所有情况下都是必需的，但是文字所传达的信息，其准确性最高。
>
> 文稿视觉传达要素又可分为标题、说明文、标语等若干类型，每一个文稿类型都对广告招贴负有不同的使命，即不同的诉求职能。

一． 标题文字

标题是表达广告主题的短句。广告标题为整个广告提纲挈领，将广告中最重要的、最吸引人的信息进行富有创意性的表现。同时，广告标题是广告内容的浓缩、提炼，起着画龙点睛的作用，也是广告招贴中先声夺人的重要一环。广告主都十分重视广告标题的选用，甚至不惜重金征选，真所谓"语不惊人死不休。"经相关测验表明，读标题的人平均为读正文的人的5倍，80%的读者都要先浏览广告标题再看广告正文中的信息。广告标题在形式上多种多样，可根据内容需要灵活机动的选择陈述句、疑问句、排比句等。

1.类型划分

① 成语类。"叱咤世界"李宁运动品牌广告语（图3-1）。

② 借喻类。"万事俱备，只欠东风"东风牌汽车广告语突出品牌名。

③ 顺口溜。"你精我也精，都喝竹叶青"竹叶青酒广告语。

④ 哲理类。"最佳途径并不一定是最短途径"瑞士航空公司的广告语。

⑤ 提问类。"人类失去联想，世界将会怎样？"联想集团广告语。

⑥ 古诗类。"何以解忧，唯有杜康"杜康酒的广告语。

⑦ 夸耀类。"谁说人不能飞！"美国耐克鞋的广告语。

⑧ 建议类。"好东西要与好朋友分享"麦氏咖啡广告语。

⑨ 祝词类。"恭喜发财迎新岁，常年好运金利来"金利来借比一语双关。

⑩ 保证类。"美的不只是商品，廉的绝对是价格"美廉美连锁超市广告语。

⑪ 劝导类。"勿因恶小而为之"戒烟广告，告诫烟民。

⑫ 对话类。"怎样消除口臭呢？请选用芳草牙膏"芳草牙膏广告语。

图3-1/2008年/李宁运动品牌:凤凰/雄狮(中国)

数不宜超过10个字。如图3-2这组2008年上海智威汤逊广告公司为阿迪达斯品牌设计的户外宣传广告,每幅作品的广告标题均由两部分组成,文字(文案)和数字(年份),应该说是较为复杂的组合,但字数仍然控制在9个字内,简洁、醒目、直指创意点。这组作品荣获了2008年夏纳国际创意节户外广告金狮奖,这也是中国的广告设计公司参加该广告节以来首个金狮奖。

② 标题可根据具体市场行情的变化而做经常更换,但成功的标题不宜反复更换。

③ 标题要诱导读者阅读说明文,即阅读广告的正文。

④ 标题要与品牌诉求相一致,字形、字号要大而有力;周围空间要宽敞;可以单独使用印刷字体和手写体,也可以两者结合使用。下面这组作品的标题文字采用的是手写体,突出休闲品牌的人性化(图3-3)。

3.功能表现

标题有主标题与副标题之分,主标题的重要功能在于吸引观众视线,表达广告主题,并且引导广告正文。副标题的功能在于补充和延展主标题的内容,或强调主标题的意义。如奥尔巴克百货公司的广告主标题为:"慷慨的旧货换新";广告副标题为:"带来你的太太只要几块钱……我们将给你一位新的女人"。图3-4这组北京巨头传媒文化发展公司为江苏洋河酒厂的洋河大曲品牌设计的作品,三张广告主标题均为:"洋河蓝色经典";广告副标题为:"绵柔男人心",接下来是三句不同的中国谚语"舞得起丈八蛇矛,走得顺金线银针"、"舞得鬼王双板斧,织得密实碎花布"和"上金殿拜得鲁国公,下厅堂做得剪纸匠"。主标题使用的是书法字体,副标题是幼圆印刷字体,一"松",一"紧"相得益彰,表明即使铁石心肠的男人也会有柔软的一面。这些广告中的副标题都是在对主标题进行补充、说明和强调。

⑬ 新闻类。"六月一日至三日,儿童购书优惠七折!"儿童图书广告语。

⑭ 悬赏类。"今麦郎桶面,有奖"今麦郎桶面广告语。

2. 注意要点

① 标题是广告文稿的主题,在画面上的位置要特别醒目,要能最快地引起人们注意。字

图3-2/2008年/戛纳国际创意节/金狮奖/阿迪达斯:跳水/足球/篮球/排球(中国)

北京电通广告公司在为《国际品牌观察》杂志设计的一组广告中,三件作品的主标题以问句的形式出现,且各不相同,分别为"做品牌熬成熊猫眼?"、"做品牌急成兔子眼?"和"做品牌还在鹦鹉学舌?"而副标题则采用了同一文案"请看《国际品牌观察》"。其主、副标题的关系提问与回答,"一唱一和"表现了主、副标题之间相辅相成,解答和强调品牌属性和品牌的特点。此外,这组作品通过熊猫、兔子和鹦鹉三种动物的典型特征,体现了在品牌营销、策划和创意工作领域里面专业人士的工作状态。这种有趣的链接方式,先让观者与之产生共鸣,然后吸引他们来浏览、购买和订阅这本杂志。这组广告发布后,该杂志的零售较上一年同期增长了46%,订阅增加了53%(图3-5)。

图3-3/2009年/薯片先生:牛排味/烧烤味/番茄味(中国)

图3-4/2009年/洋河大曲：张飞/李逵/程咬金(中国)

广告标题必须配合插图的造型，配置于版面的显著位置，并有利于版面的视觉流程引导。标题字体一般采用较大的字形或做个性化的特殊设计。图3-6这组上海李奥贝纳广告公司为李宁体育用品有限公司在2008年北京奥运会期间推出的产品广告，其标题文字就是设计师们根据画面需求和运动品牌的特性设计的个性化字体，"疯狂的76人？敢硬斗！"、"皇帝的骑士？敢硬斗！"，粗壮且倾斜的字体和画面有机地结合在一起(图3-6)。

二. 说明文字

除标题与副标题以外的所有广告文字均系说明文字。说明文即为广告方案的正文，是广告构成要素中属于文章形态的部分，它必须是简洁而通俗的日常用语，必须针对目标诉求对象对广告的产品或服务做具体而真实的阐述。撰写广告说明文必须能有效地强调广告产品或服务的魅力与特点，不能做自我文章的表现，而且要有趣味性，不要有多余的废话。

图3-5/2013年/国际品牌观察：熊猫/兔子/鹦鹉(中国)

图3-6/2008年/李宁运动品牌:疯狂/皇帝(中国)

1. 说出真相

广告说明文的撰写是有一定要求的,大卫·奥格威曾提出广告正文的写作原则如下:

① 要直截了当地用准确的语言来写作;

② 不要用最高级的形容词、一般化字眼和陈词滥调,要讲事实且把事实讲得引人入胜;

③ 要经常运用用户经验谈广告信息;

④ 向读者提供有用的咨询或者服务,而不仅仅单纯地说产品本身;

⑤ 文学派的广告无聊;

⑥ 避免唱高调;

⑦ 用消费者的通俗语言写作文案;

图3-7/2007年/统一冰淇淋/双重口味/阿芒/酷萨克/小雪奈奈(中国、台湾)

⑧ 衡量优秀广告文案人员的标准是看他们使多少新产品在市场上腾飞而不是用文字娱乐读者。

这里，针对个别要求进行具体的阐述。

（1）日常用语

广告说明文的撰写尽量采用日常用语，语言大师老舍就曾要求："试试嘴里怎么说就怎么写"，"从现成话里掏东西"。除非特殊情况，在广告正文中一般不使用过于严肃和庄重的语句。在这一点上台湾达彼思广告公司，为统一集团的冰淇淋产品设计的一组作品和李岱艾上海迈腾广告公司为统一汤面设计的两组作品是非常好的例证。其娓娓道来的说明文案像是在和观者唠家常一样（图3-7~图3-9）。

图3-8/2008年/统一品牌汤达人：宅男/麻将老太/门房大爷/公主/白领（中国）

"我不是双性恋,我的舌头才是"

"我是双双,我最爱双重口感的双旋冰淇淋!!!现在到Seven-Eleven买冰之恋系列冰品任2只,加价45元就能得到我!"

"不在乎没有结果,只在乎没有芒果"

"我是阿芒,我最爱在大热天抱着一盒盒意式芒果冰淇淋!!!现在到Seven-Eleven买冰之恋系列冰品任2只,加价45元就能得到我!"

"谈恋爱,要么就用全力,不然就用巧克力!!"

"我是酷萨克,我最爱浓浓激情的巧克力雪糕!!!现在到Seven-Eleven买冰之恋系列冰品任2只,加价45元就能得到我!"

图-3-9/2009年/统一品牌汤达人:足球/脂肪/草莓/摊贩/临时工/无能(中国)

"吃定你不是你倒霉,是你长得太草莓"

"我是小雪奈奈,我最爱替我的肚子塞进满满的草莓雪糕!!!现在到Seven-Eleven买冰之恋系列冰品任2只,加价45元就能得到我!"

"残念到恶寒高达败给梅林星人,美少女战士Cosplay上只看得到欧巴桑,游戏还没存就停电!泡不着网那就泡碗「汤达人」,不见不烦!"

"哪能介触霉头?糊个七小对么 少式七张牌,杠上开花么 倒被伊抬杆,要自摸么老缺西。哎哟干脆吃吃汤达人,不见不烦!"

"深更半夜给小鸳鸯们留门,猫叫春叫得我头皮痒,打开电视机就只有八心八箭直销广告!干脆两眼一闭吃碗「汤达人」,不见不烦!"

"到底我穿旗袍美还是泡泡袖美?帅帅的Alan坏坏的Ben,和谁去看电影更有面子?唉呦算了,让我先嚓口「汤达人」不见不烦!"

"Faint!计算机慢过猪脑,要看没看的文件一摞埋到腰,刚刚还被新来的男上司一阵媚眼乱抛,惹急了我就来碗汤达人,不见不烦!"

"都说中国足球是一副怎么涮都涮不干净的杯具,都说中国足球踢的不是球,是假猪混杂一毒瘤,都说中国足球黑哨,可吹的那厮不是我,惹恼了老子就来碗汤达人,不见不烦!"

"屡抽屡涨是那腰上的脂肪, 挥汗如雨也挥不掉过磅的忧伤, 痛心疾首越来越肤浅的姑娘, 就让我再来一碗汤达人,不见不烦!"

"张哥振聋发聩正宗陕西绵羊音,唐伯坐守残局好过守惨剧,李老仙送我一卦2012就转运,瞟啥瞟姐我卖的是碟不是寂寞,瞟毛了我就来碗汤达人,不见不烦!"

"大过年可兜里鼓鼓囊囊全是白条,别人的娃都打酱油了,我老婆还在天上飘,抬头一堆汗脚,低头一地鸡毛,忍无可忍我就抱起汤达人,不见不烦!"

"为什么股票一到我手上就举而不坚, 为什么我一到女人手上就坚而不久,为什么我人生的牛市就这样一去不回首。唉,还是埋头喝碗汤达人,不见不烦!"

广告说明文的口语化不等于完全忽略语法、表述、思路和修辞。广告说明文的语法平民化,但切忌不伦不类;广告说明文的表述平民化,但切忌不知所云。撰写高质量的广告说明文,在追求语言口语且平奇的同时,也不能因为过分求通俗、求平民化,而以词害意,伤着语法,那样就显得行文过于低俗。行文低俗会直接影响到产品和企业的形象,近而可能会极大地挫伤消费者的认同心理。

(2)通俗易懂

广告说明文旨在向广告受众全面介绍商品或服务信息。正文的创作应注意使用最通俗易懂的语言,简明扼要。如广州无形广告公司为

图-3-10/2009年/健胃消食片:蛋糕/鸡蛋/葡萄(中国)

江中集团旗下的健胃消食片设计的广告说明文就采用了通俗易懂的语言来诠释该品牌的特性（图3-10）。

强健你的胃，让食物不再难消化。

（3）内容真实

在广告说明文中，出现确切的资料、数据十分必要。在广告说明文的写作上必须着眼于两个最基本的方面：一是围绕广告商品的内容、名称、规格、性能、价格、质量、特点、功效和销售地址等进行符合客观事实的构思，加大说服性和情感性；二是掌握和洞悉消费者心理需求，了解市场态势，以重点突出、简明易懂、生动有趣、具有号召力的语言进行传播。如上海扬罗必凯广告公司为百度卫士设计的一组作品，其具有新闻性质的广告说明文就很好地诠释了内容真实的撰写要求。并且该系列作品2015年在戛纳国际创意节上赢得户外广告银狮奖和平面广告铜狮奖（图3-11）。

有兴趣当模特吗？:-P

你猜我是谁？>_<

加个朋友吧？:)

放假来挣点生活费？;-)

截至2014年，中国超过260,000名未成年人遭遇过网络诈骗。百度卫士识别网络危险，防患于未然，别让你的孩子被他们盯上。

（4）文笔流畅

文笔流畅指的是广告说明文要讲究语气贯通，声律流畅。如图3-12的北京奥美广告设计公司为摩托罗拉E6设计的广告说明文是这样的。

单调的生活？
不要！
没有动人影片，剧集，音乐的日子？
我统统不要！

图3-11/2015年/戛纳国际创意节/银狮奖：百度卫士：调皮/生气/高兴/微笑（中国）

别问我超薄手写屏幕，

26万色彩屏，

200万像素相机，

1G内存怎么好。

我只知道拥有摩托罗拉E6，

我的心情是多么美妙。

www.motorola.com.cn

图3-12/2006年/摩托罗拉：音乐篇/战斗篇/武术篇（中国）

2. 翔实好记

（1）广告口号

在广告的开始阶段，它可当作主标题使用；在广告的巩固阶段，它降为次要的了，位置不显赫，仅起提示作用。广告口号是企业的精神，要保持一定的稳定性，同时也是系列化的因素，因此，无论广告如何变化，它是必不可少的要素。

（2）产品介绍文字

产品介绍文字主要出现在说服性广告中，笔法多样、形式不拘。文字设计时不宜过小。一般情况下，产品介绍文字，围绕广告商品的内容、名称、规格、性能、特点和功效等进行符合客观事实的阐述。

（3）联络文字

这类文字包括公司名称、地址、电报、电话、资料索取卡、订货卡等。一般在说明性广告中是必不可少的。这类文字均放在广告一角，无论是四方形或三角形的都可以裁切下来，实行邮购，非常方便。

3. 注重编排

① 严格控制住全文的面积外形。报纸、杂志、宣传卡等广告，每行的长度一般不超过3厘米。

② 字与字的距离，以单字的1/8宽为宜，行与行的距离，以单字的1/2高为宜。横排宜用扁体，直排宜用长体。

③ 多选用宋体、正楷。

如图3-13这组上海天联广告公司为素有"总统慢跑鞋"和"慢跑鞋之王"美誉新百伦运动鞋在中国发布的广告中,其画面中的说明性文案诉求非常多,如果不进行合理的安排和设计不仅会影响受众的阅读,更会影响认识和购买。于是在这则广告中我们看到设计师们巧妙地把关于跑步的第35个故事、55个故事和63个故事的说明性文字编排成立体数字形象,既能引起受众的关注,又能引导受众认真阅读,取得事半功倍的效果。

组成第35个故事的说明文字为:我从五岁的时候就开始跑步了。爸爸把我带到海滩上,让我跟着他一起跑。还记得那时我跟在他身后,左摇右晃,重心不稳地跑着,一不小心就摔了一跤。爸爸转过身,将我一把扶起。他拍着我身上的沙说,丫头继续跑,有爸爸在呢!自那以后,我经常和爸爸一起跑步,我们有着很多很多的回忆。但随着时间的流逝,爸爸一天比一天老,直到有一天他再也不能陪我跑步。现在,我仍然在跑。虽然我是一个人,但是无论我跑到哪里,都会想起爸爸当年的话,感觉他好像一直陪伴着我,从来没有离开。我爱跑步,因为孤单并不等于孤独。这是关于跑步的第35个故事,你的呢?

组成第55个故事的说明文字为:曾经很喜欢对抗性的运动,我觉得这跟工作一样,当你拼尽全力赢了对手时,你会很有成就感。当然,伴之而来的代价就是自己这根弦总是绷得紧紧的,直到有一天我收到了一双跑鞋做礼物,生活从此有了全新的开始。慢慢地,我体会到跑的自由和乐趣,就算再忙,每天我都能挤出几分钟去外面跑一两圈。随时随地一个人想跑就跑,也不需要去约人订场地。跑步让我觉得很轻松,我不需要跟别人竞争,我不需要去计较输赢。只要运动,不要比赛。我爱跑,因为跑让我回归到运动的本质,这是关于跑步的第55个故事,你的呢?

组成第62个故事的说明文字为:我爱跑步。因为它是我最好的保养品。因为我喜欢跑起来微风佛面的感觉。因为就算我多吃两块蛋糕也不会长出小肚腩。因为我不喜欢在家看你侬我侬的肥皂剧。因为信用卡账单上少了健身房的会员费。因为身旁没有了老板的唠叨。因为我喜欢我MP3里面的摇滚音乐。因为我可以把打车的钱捐给需要它的人。因为我喜欢我的跑鞋。因为我懒得走路。这是关于跑步的第62个故事,你的呢?

图3-13/2009年/新百伦:35/55/62(中国)

三、广告口号

广告口号也称广告语,英文为"slogan",是表达商品性质或企业理念的完整短句,它是为了加强受众对企业、商品或服务的印象,在相当长一段时期内反复使用的固定宣传语句。如德国大众的广告语:"小即是好";麦氏咖啡的广告语:"滴滴香浓,意犹未尽";玛氏巧克力的广告语："只溶在口，不溶在手"；金利来的广告语："男人的世界"；脑白金的广告语"今年过节不收礼，收礼只收脑白金"；七喜汽水的广告语更为别出心裁："七喜——非可乐"；而历经两年的潜心研发，湖南天龙制药"槐花家族"的立醒人参提神精油，自2015年1月11日全面上市以来，就用"提神"和"醒脑"等关键词来定位该产品，旨在为白领上班状态加油（图3-14）。

广告有了"标题"与"说明文"，还得有个结尾。"标语"就起压阵的"凤尾"作用。但标语与标题不同，它的主要功能在于表达企业目标、主张、政策或商品的内容、特点、功能等，它必须易读易记并具有强化商品名印象的功能。

标语必须适合于反复诉求，容易记忆，并有一定的号召力，通俗而具有现代感。

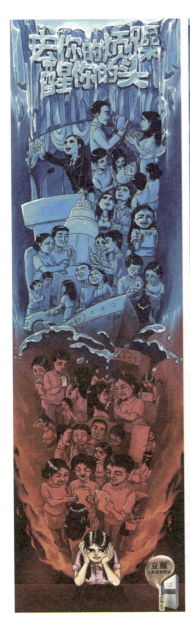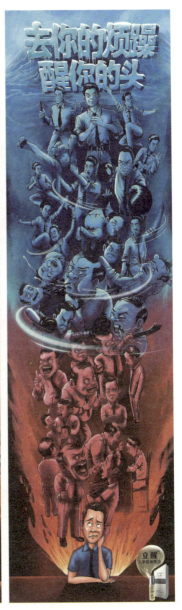

图3-14/2016年/立醒人参提神精油：剩女篇/交通堵塞篇/工人篇（中国）

作为"语言的标志",标语必须是具有韵味意义完整的句子。

标语可以放在广告版面的任何位置,有时可以取代标题置于广告版面的显著位置。

对于广告语的撰写有一定的要求,简要总结有以下几点。

1. 简练易读

广告标语的目的,在于通过反复宣传,使消费者留下对企业、商品或服务的印象。因而广告标语一般来说要尽可能地简短,并且容易记忆。广告标语要做到易记,最佳的办法就是要注意节奏与韵律,合辙押韵,通俗易懂——如迪比尔斯的广告语"钻石恒久远,一颗永流传";玛氏巧克力的广告语"只溶在口,不溶在手";丰田汽车的广告语"车到山前必有路,有路必有丰田车"。语言不够精练,会导致太长、显得啰唆。太长的广告标语,难于阅读,难于记忆,不利于传播。因此,广告标语要注意信息的单一性,一般以6~12个字为宜。简短的广告标语可达到一语中的效果,让受众印象深刻,过目不忘。大众新甲壳虫的广告语"经典非只在既往,时尚不限于当下"(图3-15)。

2. 趣味生动

如果广告标语写得索然无味,淡如白开水,就不容易令受众接受,也不能吸引消费者。好的广告标语能够打动消费者,令其在情感上产生共鸣,从而认同它、接受它,甚至主动传播它。因此,广告标语应写得风趣、幽默、亲切、自然。既带真情,又兼趣味,同时还有号召力。如雀巢咖啡的广告语:"味道好极了!"既通俗又幽默,虽简短却又让人回味无穷,至今风靡天下。又如创维当年以一句"不闪的,才是健康的"广告标语,硬是在长虹、康佳、TCL等几个一线品牌夹缝中占据了市场的一席之地。

还有更多类似风格的广告语,如耐克的广告语:"说做就做";美国联邦快递公司的广告语:"快腿勤务员";Anacin去痛片的广告语:"快、快、快速见效";MAIDERFORM的广告

图3-15/2008年/大众新甲壳虫: 女人/汽车/椅子(中国)

图3-16/2008年/汰渍清洗剂：可乐污渍/油渍/番茄酱污渍（中国）

语："我梦想穿着自己的MAIDERFORM胸罩去逛街"；克勒格大米咖喱的广告语："咬一口，干干脆"；辽宁加信奥美广告公司为全球日化龙头宝洁公司旗下著名的汰渍品牌，设定了简洁、生动的广告语"一切皆空"（图3-16）。趣味生动的广告标语是有销售力的，在市场竞争中能够有效地在同类产品中脱颖而出。

3. 指向明确

指向明确，我们也可以将其理解为主题突出。广告的标语是广告正文的高度概括，它所概括的广告主题和信息必须鲜明集中，只要人们看到它就能理解广告主的诉求点。一条广告语可以选择不同诉求点，即强调的东西不同，但总要突出某一方面。如神州热水器的广告语"安全又省气"，让人很轻易地就记注了热水器的与众不同之处，且抓住了消费者对品质方面的特殊要求。又如苹果电脑的广告语"1984年"，指向更为明确，因为1984年的1月24日是计算机发展史上的一个重要里程碑，那一天苹果电脑发布了全新的Macintosh（简称Mac），这是世界上第一台采用图形用户界面的个人电脑。再如诺基亚的一条广告语"科技以人为本"，虽然这句话并不是诺基亚先提出来的，但却向消费者展示了该公司的创业理念，使受众对该公司产生一种信服感，对产品质量和售后服务等也增强了信赖感（图3-17）。

心向蓝色敞开，魅力无处不在。全新诺基亚8250，为你打开蓝色魅力之门。澄净的蓝色屏幕背景光，是你可以肆意享有的自然之蓝；在它的烘托之下，时尚雅致的X形功能键，将优雅之蓝全情绽放；稍加玩味，它的短信息聊天，中文电话管理和图片信息功能就会就会让你找出智慧之蓝的魅力所在。有人说它就像魅力之门，引你进入时尚潮流。在诺基亚，我们称之为：科技，以人为本！

4. 现代感强

广告语用词既要浅显易懂，又要符合时代潮流。从VANCL凡客诚品的广告语中可见一斑（图3-18），广告语以一系列"爱**，爱**，我不是**，我是**"的短句组成。刚刚推出，就引发一场突如其来"凡客体病毒"袭击了位于北京市朝阳区东三环中路的凡客诚品（VANCL）总部。2769张"凡客体"PS图片风靡网络。

韩寒版（一）：

爱网络，爱自由，爱晚起，

图3-17/2001年/诺基亚8250:海/城市/边界(中国)

爱夜间大排档,爱赛车,

也爱29块的T-SHIRT,

我不是什么旗手,不是谁的代言,

我是韩寒,我只代表我自己。

我和你一样,我是凡客。

韩寒版(二):

我爱写作,我渴望从中找到自己,

没有人说我行,但我觉得我可以,

我耳边始终回响着批评与置疑,

但我告诫自己永远不能说放弃,

我这么做只想证明自己,

向全世界证明我的实力,

我是韩寒也是凡客,

我只想和你在一起。

王珞丹版(一):

爱表演,不爱扮演,爱奋斗,也爱享受;

爱漂亮衣服,更爱打折标签。

不是米莱,不是钱小样,不是大明星,我是王珞丹。

我没什么特别,我很特别。

我和别人不一样,我和你一样。

王珞丹版(二):

我爱表演,我尝试从中做回自己,

没有人夸我好,但我认为我争气,

我脑海一直闪现着失败和哭泣,

但我相信自己坚持就会是胜利,

我这么做只想证明自己,

向全世界证明我的实力,

我是珞丹也是凡客,

我只想和你在一起。

5. 内容可易

前面我们提到过,企业的广告标语在相当长的一段时期内是反复使用的,但并不能说明是一成不变的。细心的人会发现,最近在公交车、站台、电视上蒙牛的广告语发生了变化。蒙牛集团的新广告标语"好品质,绿生活"取代了"每一天,为明天",而在此之前,集团还使用

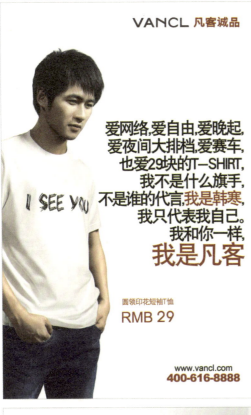

图3-18/2001年/2010年/2011年凡客诚品：韩寒篇/王珞丹篇/黄晓明篇（中国）

过"只为优质生活"等广告标语。我们从中不难看出蒙牛集团的发展轨迹。

蒙牛先从原来"大草原"的定位传播转变到了"优质生活"。这是市场发展的需要，因为蒙牛所有的奶不可能都来自大草原。蒙牛"每一天，为明天"的广告标语，表明乳业领先企业真诚态度的同时，也暗示了蒙牛一直在不断努力。而在低碳成为全世界的关键词时，蒙牛已然践行低碳多年，所有的准备都是在低碳的基础上进行的，蒙牛不仅要打造好品质的产品，更要从自身做起与消费者分享好品质带来的绿色生活，从而提出了"好品质，绿生活"的广告标语。这是一个品牌战略的需要，更是蒙牛品牌发展的需要，因为要做中国牛、世界牛。从中我们感受到：一个品牌的发展需要与时俱进，不断创新、不断升级，才能做得更好，走得更远（图3-19、图3-20）。

玩出格

法式炸酱面、水果汉堡包；通俗全改R&B，民歌也唱得摇滚；写字就是涂鸦、说话必须饶舌。要玩就玩出新意，新滋味才有新创意，就出格！

图3-19/2010年/蒙牛乳业：果味篇（中国）

蔬菜、水果、牛奶我来组合！

狂劈腿

耳朵带iPod陶醉艾薇儿，手上PSP分身太古达人，暂停了先跟死党狂喷MSN，顺便下载最新季《越狱》，跟Miller学纯正美语！生活多滋多味，就得狂劈腿！

蔬菜鲜味、水果甜味、牛奶香味，错过哪个都是犯罪！

就花心

郭爷的纲丝、S.H.E的粉丝、碧咸的小姨子，曲迷+麦霸+球通不花心，哪来那么多精彩？

蔬菜纤维、水果VC、牛奶营养我都爱，这才是对自己的宠爱！

任凭东南西北风，秋冬不见喷嚏声

麻辣烫混搭冰汽水，肠胃从不拖后腿

马不停蹄风雨兼程，不必里三层外三层

远离甩不掉的熊猫眼，告别睡不醒的冬三月

四. 作业命题

1. 中国大学生广告艺术节学院奖

中国大学生广告艺术节学院奖（简称：学院奖）是由国家工商总局批准、中国广告协会主办的大学生广告艺术大型活动，内容涵盖学术研讨、创意大赛、娱乐评选以及人才交流等方面，充分利用各方社会资源，搭建高端选拔平台，注入新鲜娱乐元素，在同类活动中独占鳌头。

（1）历经九届沿革

"学院奖"是中国大学生广告艺术节中的核心项目，主要内容是：动员全国高校中有广告及相关专业的学生，为企业做命题创意竞赛活动。该奖项已历经九届，在全国各高等院校中深入人心，且其影响已经从高校延伸至广告行业，

图3-20/2013年/蒙牛冠益乳：增强免疫力（中国）

成为行业遴选人才，企业获取杰出创意的重要途径。

1999年由厦门大学创办、中国广告协会主办；2003年由南京财经大学承办，增加电视辩论赛、广告教育论坛、广告人才交流洽谈会三项内容；2004年，由江苏广播电视总台承办，又增加影视广告、网络广告、广播广告、形象代言人四个项目；2005年，由中国传媒大学和校园先锋公司合作承办，减去广播广告、形象代言人两项；自2007年起，由《广告人》杂志社承办。目前"学院奖"已经成为众多高校师生认可度很高的品牌奖项；而通过与蒙牛、恒安集团、碧生源、修正等众多知名企业及媒体的合作，也使得这一奖项成为业界公认的具有校园传播力和品牌美誉度提升的创意风暴。

（2）紧密联系实务需求

"学院奖"所有命题均取自市场实战的一手资料，命题行业涵盖众多，命题方式灵活多样，获奖作品实施率高，区别于传统奖项命题单一、纯粹理论式的研讨。经过多年的人气积淀，"学院奖"已经成为一项紧密联系实务界的教育活动，不但在大学生当中具有影响力和号召力，也成为众多大型广告公司和知名品牌企业遴选人才的重要依据。

（3）活动丰富多彩

"学院奖"由启动仪式、高校巡讲、作品评选和颁奖盛典等几大活动组成，各项活动既独具特色，又串珠成链，共同构成了以学院奖为中心的系列学生创意与实践活动。

2. 获奖作品

自2007年参加第六届大学生广告艺术节学院奖至今，北京印刷学院设计艺术学院艺术设计系的教学团队，在10年的时间里，带领2004级至2007级、2009级至2014级视觉传达专业的9届1100多名学生参加了九届赛事，荣获了包括金、银、铜奖在内的1364个奖项。下面分列每届的奖项数量，看看我们的学生是怎样的大赛中一步一步成长起来的。2007年第六届16个奖项；2008~2009年第七届20个奖项；2010年第八届11个奖项；2011年第九届28个奖项；2012年第十届136个奖项；2013年第十一届396个奖项；2014年第十二届290个奖项；2015年第十三届236个奖项；2016年第十四届231个奖项。从这些数字中我们能看到教师和学生们的辛苦和努力。图3-21~图3-39展示的是部分学生的获奖作品。

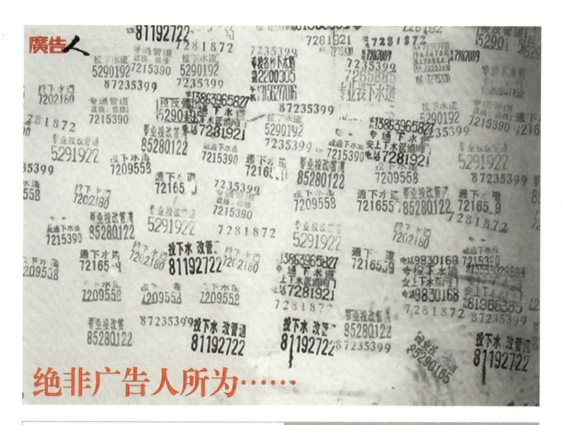

图3-21/2007年/学院奖/金奖/广告人:绝非广告人所为(作者:王又平/指导:刘秀伟)

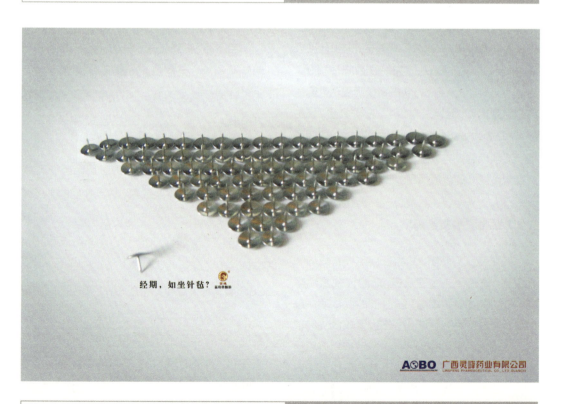

图3-22/2007年/学院奖/金奖/金鸡益母草:内裤篇/(作者:魏敏、吴纪伟/指导:刘秀伟)

图3-24/2012年/学院奖快克创意实战奖/银奖/快克：一粒见效
（作者：伍斌/指导：刘秀伟）

图3-23/2011年/学院奖/金奖/盼盼：休闲时光-看杂志/听音乐/上网（作者：郭丹丹/指导：刘秀伟）

图3-25/2012年/学院奖/银奖/广告师考试:正大光明金匾/正义之师金匾(作者:朱颖轩/指导:刘秀伟)

图3-26/2012年/学院奖/铜奖/雀巢咖啡:功夫熊猫/花木兰/孙悟空(作者:朱颖轩/指导:刘秀伟)

第三章 | 说明缘起的文字　061

图3-27/2013年/学院奖/金奖/黄老五: 有你相伴（作者: 曹蒙雨/指导: 刘秀伟）

图3-28/2013年/学院奖/铜奖/华昌珠宝: 最华丽的水墨画（作者: 黄仟/指导: 严薇）

每日新报让您像他一样睿智

第三章 | 说明缘起的文字

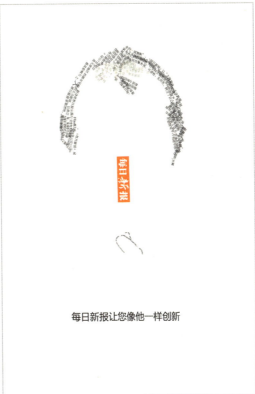

图3-29/2013年/学院奖/铜奖/每日新报:爱因斯坦/卓别林/乔布斯（作者:杨波/指导:张晓东）

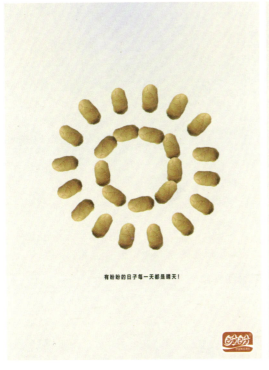
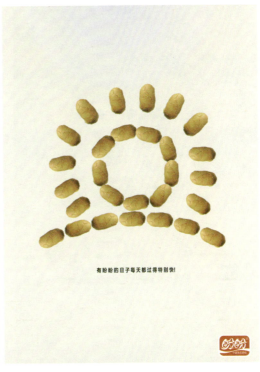

图3-30/2013年/学院奖/铜奖/盼盼:盼盼带给我的欢乐（作者:肖力亮/指导:张晓东）

图3-31/2013年/学院奖/铜奖/华昌珠宝:金玉良缘-宝玉篇/黛玉篇（作者:徐申如/指导:刘秀伟）

图3-32/2014年/学院奖/银奖/七彩云南:不负春光暂且行（作者:上官悦/指导:刘秀伟）

图3-33/2014年/学院奖/银奖/七度空间:轻薄如纱（作者:王梦珂/指导:张晓东）

图3-34/2014年/学院奖/铜奖/快克:你幸福吗(作者:秦洪洋/指导:刘秀伟)

图3-35/2015年/学院奖/银奖/B.Duck:更有趣(作者:魏韵仪/指导:刘秀伟)

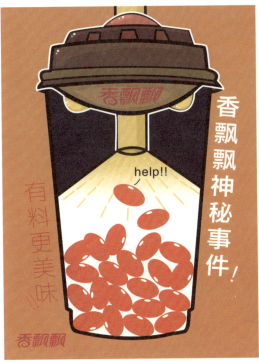

图3-36/2015年/学院奖/铜奖/香飘飘:神秘事件(作者:李冠华、潘梓璐/指导:张晓东)

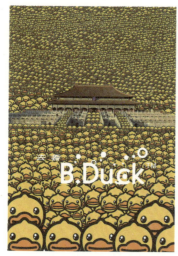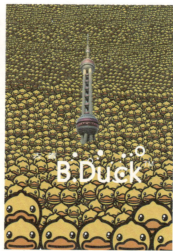

图3-37/2016年/学院奖/金奖/B.Duck;去看B.Duck（作者:刘爽/指导:李炜）

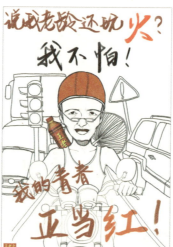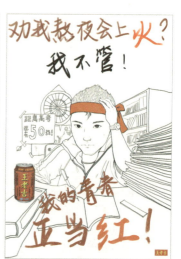

图3-38/2016年/学院奖/银奖/王老吉:热血篇（作者:王晓艺/指导:刘秀伟）

图3-39/2016年/学院奖/铜奖/创意星球众包网:给你想法-花洒/灭火器/汽车（作者:魏佳璐/指导:刘秀伟）

第四章 | 视觉主角的图形

开篇章	走进广告的世界	001
第二章	改变世界的创意	015
第三章	说明缘起的文字	039
第四章	视觉主角的图形	067
第五章	情感宣泄的色彩	101

一图胜千言。在二十一世纪这个读图时代，视觉形象铺天盖地、无所不在。覆盖了我们的生活、覆盖了我们的文化、覆盖了我们的传播。人们感叹图形和图片已经成为生活中的主角。其实，早在招贴设计出现的那一天，图形就已经成为我们视觉的主角。人们在了解一件新事物的时候，往往相信"耳听为虚，眼见为实"的原则，眼睛所看见的才是最真实的。而在众多的产品中如何吸引别人去看，去感受，其过程至关重要。于是，商家或发起者纷纷采用广告招贴等宣传的方法去满足参与者的视觉感受，其中包括语言文字的表述，色彩的渲染和图形的绘制。例如图4-1这组由智威汤逊（上海）广告公司为新西兰生命阳光奶粉设计的平面广告，设计师运用中国20世纪60年代，年画的图形语言和色彩既体现中国特色又赢得了年轻妈妈们的喜爱。该组广告发布以后生命阳光奶粉在随后的三个月内销售额增加了200%。此外，该组作品在2009年戛纳国际创意节上荣获了平面广告铜狮奖。本章将针对广告招贴中图形设计的表现内容做详细介绍。

图4-1/2009年/戛纳国际创意节/铜狮奖/生命阳光奶粉：狗/刺猬/蝴蝶（中国）

一、图形作用

图形，顾名思义是指图绘形象，主要是根据生活经验描画出物体的轮廓、形状或外部的界限。在人类文明发展过程中，图形的简洁明了以及不受语言与国界限制的特点成为人们早期传递和记录信息的主要方式，既传递了信息，又起到了装饰的作用。

美国视觉传达设计师赫博•卢巴宁认为："视觉传达设计师的天职是用图形传达信息"。设计过程中所需要表现的人物或事物的形象都可以用图形的方式表达，可见，图形在广告招贴中起着重要的作用（图4-2）。

1.内容直观

广告招贴的目的在于使有限的设计空间发挥最大的宣传作用。由于招贴空间有限，因此，对内容的设计要满足简洁明了的目的。招贴中文字内容太多会显得太烦琐，行人通常不会花太多的时间去驻足观看，起不到很好的吸引作用，文字太少又表达不了深刻的内容和含义，无法引起人们参与的欲望。加入图形元素后，图形清晰明了的轮廓使观者不用阅读即可感受信息的传递，一目了然，大大增强了人们对广告形象的认知程度，增强广告信息的可信度，使广告宣传更加有效。例如智威汤逊（上海）广告公司为上海日化旗下的美加净牙膏设计的产品宣

图4-2/2016年/Viva果味口香糖:哈密瓜/橙子/草莓(中国)

传广告,其图形语言直接使用牙齿形象表达牙膏产品的诉求,而被蛀虫在牙齿上"雕刻"出来的埃及法老墓和罗马斗兽场则更是配合文案:"别让细菌蛀下来",彰显了图形语言的视觉震撼力。该组广告荣获2012年戛纳国际创意节平面、户外广告和插图类的金狮奖;艾匹克国际广告奖平面、户外广告金奖和插图类金奖;亚洲广告节平面、户外广告金奖和技术类银奖;2013年亚太广告节户外最佳莲花奖;国际安迪大奖插图类银奖等等(图4-3)

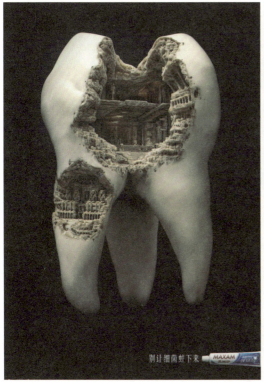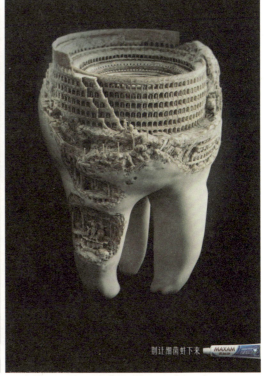

图4-3/2012年/戛纳国际创意节/金狮奖/美加净牙膏:埃及文明/雄狮(中国)

2. 形象生动

图形在广告招贴中的作用还体现在其生动的形象上，它可以用漫画、图案、图表、符号、摄影等多种形式表现，每种形式给人的视觉感受是不同的，给人留下深刻的印象。这种生动的效果是文字和语言所不能替代的，尽管语言和文字也可以准确地记录和传递思想、信息，但不能实现图形所带来的画面真实感。如药品的广告招贴设计，用语言和文字只能详尽地描述药品的成分和效果，但实在无法增加人们购买的欲望，或减轻人们对病痛的烦恼。如果用恰当形象来表现药品内容，使人在接受宣传的时候，了解药品针对那些疾病具有疗效，从而选择这种药品去接受治疗。灵智营销咨询（上海）有限公司为南京绿叶思科药业有限公司旗下的金思平（盐酸司来吉兰片）设计的药品广告，在画面图形上配合文案：金思平停止震颤，强效对抗帕金森。将日常生活用品牙刷、勺子和钢笔上面安装了弹簧，形象、生动地把帕金森病患者的震颤、运动迟缓等症状的动态特征用图形语言纸面化，强调了产品的时效性与强效性（图4-4）。

3. 特色鲜明

广告招贴的成功之处在于它除了能成功传达主题内容外，还要具备一定的文化内涵，只有这样才能与观者产生情感与心灵上的交流，从而使招贴满足不同人的需求，实现自身特色，图形的出现对这一目标的实现起到了至关重要的作用。因为在当今的读图时代，一篇优美的广告文案远不如一幅富有创意的广告画面带来的视觉冲击力大，由此可见，图形创意在广告中占据着非常重要的地位。

招贴的特色主要体现在地域性和时代性的不同表述。不同的地域有不同的生活习俗、不同的民族和不同的信仰，他们有自己的性格特点、文化背景和审美倾向，也自然会有自己的图形语言表达方式，而这些图形都具有自己特殊的含义。比如我国传统的文化艺术就显示出了独特的审美内涵，传统绘画艺术中的工笔花鸟画、水墨写意画等都体现着神韵、空灵的艺术精神；民间美术作品中的剪纸、年画、染织等艺术形式所反映的民俗民风以及独特的艺术魅力，还有各个民族的象征性图腾形象，无不蕴涵着民族文化的情结，成为现代设计取之不尽的文化资源。如葛瑞（北京）传媒集团为在中国领先的化妆品品牌——杭州珀莱雅化妆品股份有限公

图4-4/2008年/金思平：牙刷/勺子/钢笔（中国）

司旗下珀莱雅海洋水漾透白防晒露设计的一组作品，其图形语言就是使用的中国皮影戏利用灯影来达到艺术效果的戏剧形式，突出了该品牌防晒、美白的特点（图4-5）。

每个时代也有不同的图形语言，它与当时的文化、技术水平、历史背景有直接的联系，时代赋予了每个历史时期独有的图形特征。招贴中可以通过每个时代的图形来表达当时的生活氛围。如原始时代的洞窟壁画、中国古代的吉祥纹样、革命时期的红色五角星以及现代社会中电脑设计的图形语言。

二. 图形元素

图形以它形象的视觉语言成为招贴设计中重要的组成部分，它内容丰富，造型多变。而就其本身而言，无论多复杂的图形，归根结底都是由点、线、面三种基本元素组成。要准确表现招贴中的图形，就要对点、线、面有深刻的认识和准确的把握，只有通过对这三种设计元素的训练，才能创作出好的招贴作品。

1. 点元素

在几何学上，点没有面积，它只代表具体的位置。但在招贴设计的图形中，点是一个概念。它并不仅仅局限于一个小圆点，或者一个简单的符号，图形中的点可以有自己具体的形象，可以是一个人，可以是一个字母或者一株花草，招贴中作为视觉表现的点具有空间位置、形状、大小、方向、肌理、色彩等多种特性，而这些形象作为点出现的条件要根据画面整体的大小和其他要素的比较来决定，是相对的，而不是绝对存在的。如机场上停靠的航班，相对旅客而言，航班是庞然大物，而旅客是点。在天空中飞行的航班，则相对蓝天而言是点。

图4-5/2015年/珀莱雅：总在保护（中国）

招贴中，单一的点元素出现时，画面与点之间存在一种心理内应力。此时的点是视觉的中心，也是力的中心。因此，当点元素居于画面的正中间时，会给人平衡、平静、集中的感觉。而当点元素的位置偏离正中心，处于偏上、偏下、偏左或偏右时，就会给人一种不安的心理感受。画面上出现两个点元素时，两点之间会产生视觉上的相互吸引力，具有方向性，形成线的心理感受。如果出现两个以上，多个点元素的画面，就会形成面的心理感受，随着点越密集，面的轮廓就越清晰。但点本身的形象没有发生改变，只是人的知觉和意象起了决定性的作用。北京DMG传媒集团发布的为世界自然基金会设计的公益广告，画面图形使用该协会的标志图形——中国的大熊猫，展现了人类各种屠杀、虐待动物的残暴行为。停止马戏团中的动物表演节目，停止用动物皮毛做饰品，停止用动物进行科学研究、实验、虐杀和食用。每张作品中分布着15个点状图形，详述人类侵害动物的行为，让观者思考并拷问自身有没有这样的行为（图4-6）。而智威汤逊（上海）广告公司为国际著名箱包品牌新秀丽儿童拉杆箱设计宣传广告，作品的图形也是采用点元素来表现的。画面上看似无序的一个个摔跤熊和相扑大象表现的是顽皮的孩子把新秀丽箱包当成了玩具在玩耍，进而表达新秀丽品牌优秀而卓越的产品质量、与时代同步的设计风格、考虑周到的实用性和可靠性以及完善的售后服务等。该作品荣获了2013年戛纳国际创意节平面广告金狮奖（图4-7）。

2. 线元素

线是点运动的轨迹，同时，它也是面与面的交界，带有明确的方向性。与点相比，线更能表现物象的特征。线在造型上具有非常重要的作用，封闭的线形成具体的型，决定了面的轮廓，所有的面和体都可以通过线来表现。

招贴中的线元素同样具有相对性。从几何角度出发，线是没有宽度的，因此，在相对条件下，当线超过一定宽度时，线的感觉就会减弱，从而增加了面的视觉感。

在线的表现中，根据招贴的内容，赋予它不同的表现形式，从而在视觉上与观者产生心理上的共鸣。如起伏跳跃的折线，使人感受到音乐的节奏和如同心电图般的生命象征；柔和的曲线使人感觉到柔美，像是娓娓道来的倾诉；蜿蜒缠绕的曲线则使人感觉到纠结与迷惑；规整的直线使人感觉到平静和理性，有时又

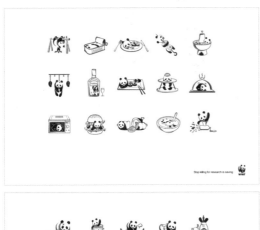

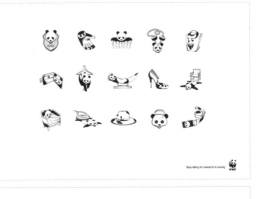

图4-6/2011年/世界自然基金会：食物/饰品/虐待/实验（中国）

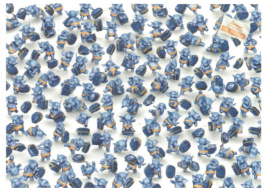

图4-7/2013年/戛纳国际创意节/金狮奖/新秀丽:摔胶熊/相扑大象(中国)

带有一些乏味,似乎缺乏了生命的活跃。由于线组成了面的轮廓,因此,不同的线的形态也会影响面给人带来的视觉感受,更体现了广告招贴设计中线元素图形的重要性。

奥美(上海)广告有限公司为中国台湾国际航电股份有限公司的全球定位系统(简称GPS)设计的两组宣传广告,这两组作品使用的都是线元素。第一组作品,在杂乱无章的黑色线条中有一条清晰可辨的黄色线条(其他两张作品中一个是红色线条,一个是蓝色线条),传达该导航系统的辅助功能可以保证你在不熟悉的地方行驶也能够知道怎么走。此外,作品中的线元素均为立体线条,是为了彰显了作为全国第一款支持三维立体建筑显示的导航仪,

图4-8/2009年/戛纳国际创意节/铜狮奖/GARMIN导航;编织(中国)

 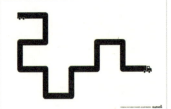 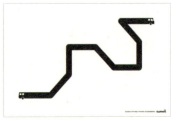

图4-9/2011年/GARMIN导航:轿车/卡车/公交车(中国)

765T还使用了复杂路口3D导向图、车道转向信息指示图等最新的导航技术。这组作品荣获了2009年夏纳国际创意节平面广告铜狮奖(图4-8)。第二组作品是用线的形式进行点对点的连接,表现了该导航系统能够准确地引领使用者到达目的地(图4-9)。再如,北京Woobert广告公司为大众蓝驱技术设计的一组广告作品,把文字变成感性的线条,A点连接到B,讲述从父子到兄弟、从陌生人到恋人和从竞争对手到死党之间的有趣故事。隐喻传达大众"蓝驱"标志代表了省油和驾驶乐趣(图4-10)。

3. 面元素

面是在点和线的基础上发展而来的。点运动的轨迹是线,而线运动的轨迹则是面。面具有长度和宽度,但没有厚度,相对点与线,面的造型更为多变。这取决于线运动的方向和角度。除此之外,还能通过增加和减少的方式来改变面的形状。招贴中的面可以是几何面,也可以是满足人们视觉经验的有机面。如花草的形状,动物的形状,人物或生活中实物的造型。还可以是自由面,自由面的出现充满了偶然性和不确定性,这使招贴效果更具备新鲜感与放

图4-10/2013年/大众:从A到B(中国)

第四章 | 视觉主角的图形　075

松随意的感觉。如广东太平网联国际广告有限公司为东菱电器有限公司的电压力锅设计的产品广告，把压力锅产生的香气用自由的面形来表现，并且虚幻面形中的乌龟、蘑菇、荷叶、胡萝卜和猪等也是采用虚幻形象，让观者能够闻到扑面而来的香气（图4-11）。

从构成形式来看，招贴图形中的面又包括"实面"与"虚面"。实面具有统一性和概括性，给人稳定的视觉感。如上海强生广告有限公司为绿色和平组织设计的一组公益广告，画面中

图4-11/2009年/东菱电压力锅：猪/龟（中国）

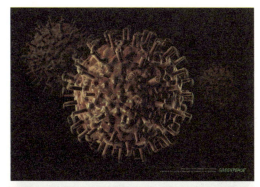
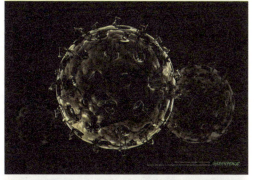
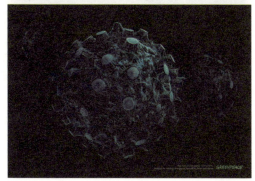

图4-12/2009年/绿色和平组织：空气污染/过度开发/森林滥伐（中国）

的图形是显微镜下看到的细菌形象，只是它们是由人类创造出来的新型病毒，诸如乱砍滥伐、过度开发和空气污染等危害环境的行为给我们的家园带来的新病毒，而这些病毒的产生是对人类的报复。作品中由远及近的圆形病毒图形给观者带来紧迫感和使命感（图4-12）。虚面是由点元素或线元素聚集一定数量后形成的视觉上的面。这种面与实面相比，更能体现动感与变化性，同时能丰富招贴中共性内容的体现。如上海斐思态广告有限公司为DQ LED产品设计的宣传广告，画面图形是用文字组成的"虚面"，而这个虚面构成了光束的效果，准确体现了该产品的特点（图4-13）。

三. 图形语言

多样性的图形表现形式能使广告招贴的内容变得丰富有趣。从整体上来看，图形集多种艺术语言于一体。主要包括绘画、漫画、图案、图表、符号、摄影等表现形式。它们作为图形语言的创造方式，既有共同之处，又有着各自的特征。

1. 绘画语言

绘画是艺术领域最为基本的表现方式。招贴中的图形以绘画的形式表现，可以更加自由地发挥其主观内容。绘画主要分为两种表现形式，一是写实绘画，这是最基础的表现手法，主要强调物象的真实性，同时，绘画的方法既

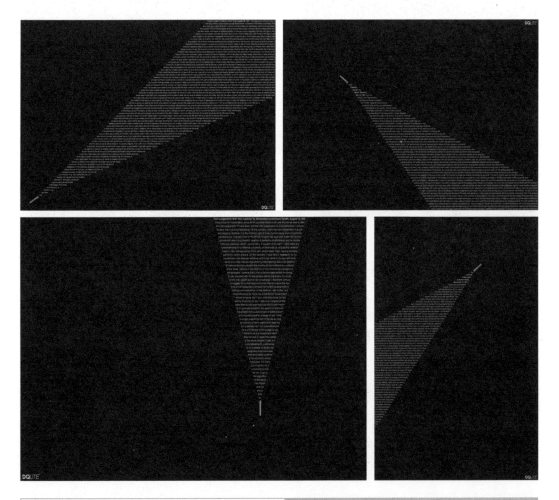

图4-13/2008年/DQ LED: 我有一个梦想/自由王朝/非暴力与非合作/爱与被爱（中国）

可以保留所表现物象的造型，又可以灵活地根据招贴内容需要改变局部装饰特征。如改变画面背景的色彩，或增添及减少同一个画面中出现的物象，同时，各种不同的笔触感，增强了招贴的趣味性。阳罗必凯（南京）广告公司推出的八张为英国企鹅图书公司设计的广告，画面主体图形直接使用名著中的插图，让观者一目了然，一方面展现了企鹅图书的品质，一方面有效地提高图书的销量。该作品荣获了2014年戛纳国际创意节平面广告金狮奖。再如，奥美（上海）广告有限公司为百度设计的一组宣传广告就是使用欧洲17世纪最伟大的画家之一，也是荷兰历史上最伟大的画家伦勃朗•哈尔曼松•凡•莱因（Rembrandt Harmenszoon van Rijn，1606-1669）的自画像、荷兰后印象派画家，文森特•威廉•梵•高（Vincent Willem van Gogh，1853-1890）的自画像和意大利著名画家，也是"文艺复兴后三杰"中最年轻的一位，拉斐尔•桑西（Raffaello Santi，1483—1520）的自画像作为画面的主体图形，并在原作中植入人们每天必备的通信工具手机形象，诉求用手机扫描二维码、条码或者直接拍照搜索，百度一下就能对这些名家的生平、画作进行全面的了解和认知（图4-14、图4-15）。

第二种是抽象绘画。抽象绘画是在写实绘画的基础上，以画家的主观思想为主，表现物象的同时，增加了点、线、面等抽象语言的应用，从而增强了画面的装饰感，强调了色彩所带给人们的视觉冲击力。对于以表达主观情感为主要内容的招贴，例如风格音乐、青春等主题的广告招贴，抽象绘画成了最好的表现方法，不需要很写实的造型，因为，精神的内容是没有任何一种实物可以表达的，往往是只可意会不可言传。汉唐（上海）国际通信集团为上海东华

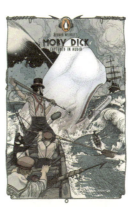

图4-14/2014年/戛纳国际创意节/金狮奖/企鹅图书：科学怪人/唐堂吉诃德/白鲸/吸血鬼/普罗米修斯/诺曼底登陆/爱丽丝/福尔摩斯（中国）

图4-15/2016年/百度:伦勃朗篇/梵高篇/拉斐尔篇(中国)

大学服装·艺术设计学院设计的系列广告,为了彰显服装·艺术设计学院注重艺术设计人才"创造力"的培养,鼓励有志于从事服装和艺术设计的爱好者,敢于拿起画笔步入艺术的殿堂掌握绘画艺术。在画面主体图形的设计上突破常规,用动物的"绘画"作品来表现。意为:寻求任何人的艺术潜力。如果动物能反客为主,那么你也可以!画家:蚯蚓、面粉象鼻虫、泥鳅和乌龟。工具:环保无毒的无机颜料。这些动物的抽象绘画作品参加了2009年上海水彩画展,并有近50,000人在网站上看到了动物绘画过程的视频。最终这次广告宣传活动使艺术研究所培训班的招生人数增加了11%(图4-16)。

2. 漫画语言

随着动漫产业的发展,漫画的形象被越来越多的人接受和认可,同时,漫画也成为了广告宣传的主要途径之一,在招贴中的体现也尤为明显。

漫画较其他设计语言而言,具有明显的表现风格,它采用夸张变形的方式创造新的艺术形象,将常见的形象变得活泼生动,将生硬的描绘变得风趣幽默,将所要表达的物象赋予人的情感,将复杂的言语变得简单易懂。例如儿童主题的招贴采用漫画的形式表现,更容易吸引儿童的注意,发挥他们的想象空间,从而产生思想上的共鸣;宣传规则类的招贴,采用漫画的

图4-16/2008年/东华大学:蚯蚓/面粉象鼻虫/泥鳅/乌龟(中国)

形式，使内容更容易让人接受，从而营造轻松和谐的氛围；宣传产品的招贴采用漫画的形式，更易于人们对品牌的记忆，提高宣传的力度。广州无形广告有限公司为日本旭化成集团公司旗下的旭包鲜保鲜膜产品设计的广告作品中就是运用漫画语言来表现的。画面图形是三维立体的牛和大虾、羊和乌龟、猪和鱼在床上相拥而卧的卡通形象，诉求该保鲜膜是新一代防串味保鲜膜，气味不交叉，怎么亲近都不怕（图4-17）。

3. 图案语言

陈之佛先生曾说：图案是构想图，它不仅是平面的，也是立体的，是创造性的计划，也是设计实现的计划。《辞海》中认为"从广义上讲，图案是对某种器物的造型结构、色彩、纹饰进行工艺处理而事先设计的施工方案，制成图样，狭义则指器物上的装饰纹样和色彩而言。"可见，图案是实用和装饰相结合的一种美术形式，它把生活中的自然形象进行整理、加工、变化，使它更完美，更适合实际应用。

图案特有的构图整齐、均匀的装饰性使招贴在视觉上更加简约美观；图案的实用功能性，使招贴设计更具有主题性和指向性；图案类型的丰富多样性为招贴设计提供了充分的素材资源。如突出实用性的招贴可选择具有代表性的青铜图案、陶瓷图案、漆器图案、印染图案、织锦图案、剪纸图案、工业造型图案、家具图案等；突出装饰性的招贴图案包括植物图案、动物图案、人物图案、风景图案、器物图案、文字图案、自然现象图案、几何图案等。北京电通广告有限公司上海分公司为中华老字号，张小泉剪刀品牌设计的广告作品，在图形上使用的就是中国民间艺术门神的剪纸图案，所不同的是秦琼和敬德两位门神，不像民间那样通常是在纸上剪刻出来，它是在铁板上剪出来的。这是为了突出表达张小泉剪刀在铁板上使用锋利如剪纸一般（图4-18）。

4. 图表语言

在招贴设计中，需要表述的内容太烦琐或涉及具体数值的时候，常常采用图表的形式来表现。图表是可直观展示时间、数量等统计信息属性，对知识挖掘和信息直观生动感受起关键作用的图形结构；是一种很好地将对象数据

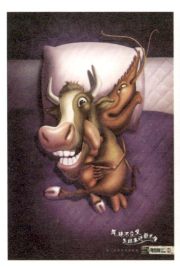

图4-17/2011年/东华大学：牛拥抱虾/羊拥抱龟/猪拥抱鱼（中国）

图4-18/2009年/张小泉剪刀: 中国剪纸(中国)

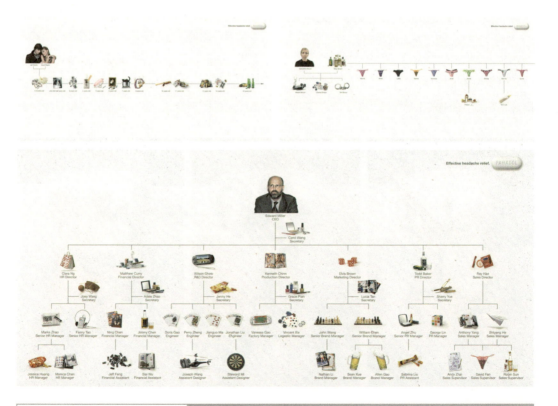

图4-19/2010年/普拿疼镇痛药: 父母/妻子/老板(中国)

直观、形象地"可视化"的手段；是通过图示、表格来表示某种事物的现象或某种思维的抽象观念。奥美（北京）广告有限公司为英国葛兰素史克制药公司生产的适用于发烧、头痛的普拿疼（panadol，也称"必理通"）镇痛药设计的产品广告，使用的就是信息图表的形式语言（图4-19）。博达大桥（香港）广告公司在新加坡和香港市场最著名的品牌，傲胜国际旗下的头部按摩器设计的产品广告，也是用信息图表形式来设计的（图4-20）。

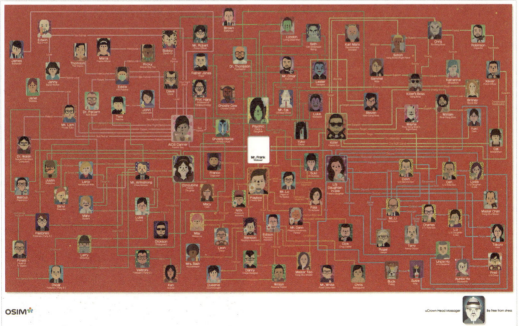

图4-20/2011年/傲胜活力头部按摩器：关系地图-社会工作者/鲣夫（中国、香港）

图表可以使招贴在有限的宣传空间中，更充分、准确地表达数据信息以及信息之间的内在联系，这些信息包括招贴内容的主题、空间属性、时间属性、程度、数量特征及变化趋势。这些图表所特有的抽象表达方式，具有文字和语言无法替代的传达效果。在招贴设计中，图表所体现的特点主要包括如下内容。

（1）信息直观准确

图表中出现的文字和数值具有代表性，是招贴展示的主要信息，直接影响到宣传的效果，必然是严谨而准确的。

（2）数据可读可比

图表中出现的数据信息，一目了然。同时，通过图表的特殊排列形式使数据之间形成了鲜明的对比，为读者提供了参考依据，增强了招贴的实用性和真实性。

（3）版面形式多样

为了更准确直观地表现信息内容，使观者既方便阅读又满足视觉审美，图形采用了多种表现形式，如条形图、柱状图、折线图等，这也是区别于文字表达的艺术特征。

5. 符号语言

符号相对于其他图形语言而言，造型相对简单，常常是指具有某种意义的标识。在招贴设计中，体现为产品或形象的标志或具有设计感的名字或标题。其形式简单，但来自于人们熟悉的相关内容。招贴中符号的表现能增强招贴内容的品牌效果，更好地实现招贴的宣传性。李戈斯雷尼广告（上海）有限公司为武汉环保盾高新科技发展有限公司旗下的"保盾"系列卫生杀虫剂设计的产品广告，把盾牌和骷髅头两种通识符号组合在一起，一方面用盾牌表达保盾品牌为社会团体、企事业单位及家庭提供专业优质的消毒、灭虫、灭鼠服务。另一方面用骷髅头表达蟑螂、蚊子和苍蝇等害虫遇到保盾产品等待他们的就是死亡，旨在传达该企业以"改善生存环境、提高生活质量"为宗旨，以"关爱生命，造福人类"为使命的企业理念（图4-21）。

6. 摄影语言

摄影是借助专业设备对客观事物进行影像记录的过程。摄影图片是以光线、影调以及线条为造型要素，与绘画相比，摄影对客观事物具有更强的真实再现能力，在时间把握上，绘画需要一定的时间去绘制，而摄影常常在一瞬间就可以完成画面的再现。因此，有人说：摄影

图4-21/2016年/保盾杀虫剂：停止入侵（中国）

家的能力是把日常生活中稍纵即逝的平凡事物转化为不朽的视觉图像。在科技发展水平日益提高的今天,越来越多的广告招贴设计通过各种设计软件来完成,摄影的真实、快速、高效的特点为招贴设计提供了无数的创意素材,增强了招贴内容的真实性,使用软件制作效果更生动,大大增强了广告的表现力,最大限度地满足了设计者的创意需求。上海睿狮广告有限公司为别克(Buick,美国通用汽车公司在美国、加拿大和中国营销的一个汽车品牌)设计的一组公益广告,就是直接使用摄影照片诉求驾车事关生命,请遵守交通规则。该系列作品荣获了2014年戛纳国际创意节平面广告金狮奖(图4-22)。葛瑞(北京)传媒集团为北京地铁设计的宣传广告,在画面图形的表现上运用的也是摄影语言。但是这组作品并没有直接使用原版照片,而是经过软件处理后,更加清晰传达的作品。该系列广告荣获了2015年戛纳国际创意节户外广告银狮奖(图4-23)。

图4-22/2014年/戛纳国际创意节/金狮奖/别克: 速度限制/卡车禁止通行/红绿灯/禁止通行/行人不准通行/禁止掉头(中国)

图4-23/2015年/戛纳国际创意节/银狮奖/北京地铁：
消防员/快递员/医护人员（中国）

1. 具象表现

具象表现是对客观事物最真实再现的表达。画面通过摄影或写实绘画的方式来表现物象的外形、色彩等内容，从而增强招贴信息的直观真实性，提高广告描述的可信度。具象表现的图形形象通常具有较强的典型性，符合人们的视觉习惯。这样的画面内容更容易与观者产生共鸣，增强了招贴的吸引力和感染力。同时，具象表现的图形具有完整的画面形象，便于设计者灵活地运用装饰、概括、夸张、拟人等设计方法对客观物象进行处理，增强招贴画面的生动性与趣味性，满足内容需求。阳狮集团（香港）阳狮广告公司为香港当地的人权组织——"香港社区组织协会"设计的公益广告，是利用摄影师林班尼拍摄的一组鸟瞰香港公寓的照片，直接制作成一系列广告，向全球展示香港独有的拥挤环境，并且利用报纸上的大标题，讽刺地对比出内文中所要阐述的残酷事实，展现香港繁荣的城市背后的艰辛。在香港有超过100000人居住在40平方米的空间里，这些贫困家庭的生活与外面的繁华世界形成了鲜明的对比，这就是贫富差距带来的后果。作品旨在突出表达社区组织协会希望社会大众能够正视居住环境的问题（图4-24）。

2. 抽象表现

抽象表现是招贴中图形的一种设计手法，与具象表现相比更注重主观思想的表达。它不受客观事物的外观细节所约束，但抽象表现的图形并不是随意地、毫无目的地去表现，而是设计师通过对所表现内容认真观察、仔细研究，在具备严谨的造型能力与对主要思想有着深刻理解的前提下，运用点、线、面为主要设计语言对事物的特征加以概括和提炼，从而体现图形意义的联想及形式感的创造。智威汤逊（上海）广告公司为全球著名的体育运动品牌耐克在中国发布的广告作品中，图形上使用的就是抽象道路，而不同形式的道路表现的是耐

四、图形技巧

图形丰富的表现形式，使其成为广告招贴设计中的重要视觉元素，灵活掌握图形的不同设计手法，使图形在招贴中表现得恰到好处，既形象地表现了广告的思想与内容，又以生动的艺术形象，满足人们的审美需求，给观者留下深刻的印象，起到了事半功倍的广告宣传效果。

根据招贴内容的需求，图形的设计手法主要包括具象表现、抽象表现与意向表现三种，它们各有所长，为不同内容的招贴营造了不一样的风格特征。

图4-24/2013年/香港社区组织协会：柜子里的居民（中国、香港）

克运动鞋能够在不同的道路上自由奔跑。该系列广告荣获了2006年戛纳国际创意节户外广告铜狮奖，亚太广告节平面广告铜奖和克里奥广告奖户外类银奖（图4-25）。

抽象图形的设计还可以通过抽象绘画、图案、图表、符号等表现形式来体现。

3. 意象表现

意象图形是现代招贴的图形中运用较多的一种。它的设计思路介于具象图形与抽象图形之间，意向图形具有形象的造型，又不像具象图形那样追求写生的外形细节；具有鲜明的创造性主观思想，又不像抽象图形那样仅仅保留简单的视觉语言。意向图形是具象与抽象完美结合的效果。

图4-25/2006年/耐克：蓝色和黄色/黑色和蓝色/黑色和红色/多彩色/发光颜色（中国、香港）

图4-26/2008年/才思书店:鱼/鸟(中国)

意象图形的设计就是寻找不同物象的共性,从而分解、重构,达到使人耳目一新、过目不忘的视觉效果的过程。这个过程正如格式塔心理学界的论证一样:"当一种简单规则的形呈现在眼前时,人们会感觉极为平静,相反杂乱无章的形使人产生烦躁之感,而真正引起人兴趣的形,则是那种介于两者之间的、稍微背离规则的图形。这是一种有始有终、有高潮有起伏的体验,是能引起审美愉悦的审美经历。意向图形主要包括形的意象重构与视觉的意象重构两种。

(1) 形的意象重构

形的意象重构是将两种或两种以上人们日常所熟知的并具有不同外观的图形,以一种新的、前所未有的方式进行组合,共同构成一个新图形。这个新图形虽然只是将不同的原图形以不同形式组合,但每一个组合都是经过设计师精心策划的,其组合结果必然产生可以契合的视觉共性,从而形成强烈的视觉冲击力,引发观者的好奇心。

① 同构。同构是指两个或两个以上具有相似外形特征的物象同时出现,并将它们不同的外表个性同时作用在同一个共性造型上,即在同一个造型上,既出现甲的外貌特征,同时又能看到乙的个性外形。如国内杰出的创意人、跨界艺术家王申帅为上海才思书店创作的广告,将书和大雁、鱼尾同构在画面中,其造型组合中既体现了大雁和鱼尾的外形特征,又保持了书本的造型特点,保留了各自的个性,又突出了形上的共性。海阔凭鱼耀、天高任鸟飞,两幅作品设计意境深远,却不晦涩难懂(图4-26)。

② 替构。替构是将原有图形结构中的某些组成部分用另外具有与被替换物质形象相似的形进行完全替换,替构过程中,始终保持其图形结构的完整性。替换后画面中的两个组成元素具有各自特点,虽然在画面中具有一定的联系,

③ 异构。异构是一种求意同而不求形同的特殊重构方式，通常是指为了营造特殊的视觉效果，将原有图形结构中的某些组成部分替换或加入与原图形没有任何视觉相同点的异变元素，使画面产生反规律或反秩序化的异常变化。如用运转的齿轮造型与人的器官，造型上各有特点，却都需要动力去运转，这样的替换构成，使人产生一些视觉上的不和谐，细看之下，便能得到一些反思，运转的齿轮不好好保护会生锈，人不注意保护身体，健康就会受到威胁（图4-28）。

图4-27/2008年/世界自然基金会：森林/水/藏羚羊（中国）

但就其各自外观造型而言，没有视觉上的共性。例如，百比赫（上海）广告有限公司为世界自然基金会设计的一组公益广告，在图形设计上采用的是替构形式。画面中巧妙地把自然基金会的熊猫标志植入大自然之中，替换成了森林里的树木、河水以及新疆的藏羚羊。明确指出该基金会不仅保护大熊猫，他们的使命是遏止地球自然环境的恶化，创造人类与自然和谐相处的美好未来。致力于：保护世界生物多样性；确保可再生自然资源的可持续利用；推动降低污染和减少浪费性消费的行动(图4-27)。

图4-28/2016年/神鹰牙刷：冰水/咖啡/冰淇淋（巴西）

图4-29/2008年/阳光洗洁精：减肥/头发/厕所/魔方/牙箍（南非）

④ 渐变。相对渐变而言，其他的设计手法展现的是设计师创意的结果，而渐变则是向观者展现创意的过程。当一种形由于某些共性的存在转化为另一个形时，必然会有一个转变的过程，如果直接替换，可以给观者留下思考的空间，可是如果将转变的细节表现在招贴画面中，能及时给观者以启发，使他们第一时间感受到联想的乐趣，这就是渐变。这种渐变可以是单元向单元的渐变，也可以是单元向多元的渐变；可以是物质向同类物质渐变，也可以是一种物质向其他物质的渐变。如图4-29灵狮环球（南非）广告公司为阳光洗洁精设计的宣传广告，采用的是单元向单元渐变，同类物质渐变和一种物质向其他物质渐变等多种手法。

⑤ 共生。共生是指共同出现在画面中的不同图形之间相辅相成，密不可分的构成关系，这种图形设计又被称为正负图形或图底反转图

图4-30/2015年/可口可乐：战斗（中国）

形。具有共生效果的图形之间互为轮廓,即甲为正形时,乙为背景,而同时乙的边线又组成了甲的轮廓;相反,乙为正形时,甲的边线同样能称为乙的轮廓。这种组合看似具有画面的偶然性,但却是经过巧妙安排的。如鲁宾瓶的设计中,当视觉中心停留在白色部分时,看到的是一个花瓶的造型,黑色部分是背景;当视觉中心关注于黑色部分时,看到的是两个相对的人形,此时白色却称为了背景。麦肯•光明(上海)广告有限公司为全球最大的饮料厂商可口可乐设计的一幅广告,其设计语言运用的就是图底反转图形来表现的。画面中为了彰显可口可乐大约每一秒钟在全世界售出19,400瓶饮料,图是两军对阵,底是可口可乐瓶型(图4-30)。

⑥ 异影。图形中异影的设计思路来源于现实生活中实物与影子的关系。在光的照射下或通过水面、镜面的照映下,人或物会产生与自己外形相似的投影,不同的是,人或物除了有轮廓外,还有体现个性特征的外貌细节,而影子相对而言只是一个抽象的外形,并且随着环境的变化会产生相应的变形效果,给人营造了想象的空间。如李岱艾广告(香港)传媒及广告公司为曼秀雷敦旗下的双效美白润手霜设计的广告作品,利用手在光照下,变换不同的手势,形成各种类似于鸽子、兔子、天鹅等动物的影子造型(图4-31)。

招贴设计运用了投影的这一特殊效果,根据表现的内容,为影子设计不同的外形,使它与实际形象形成不同的视觉效果,从而反映实物之间的矛盾关系,如现象与本质的关系,过去与现在、现在与未来之间的关系,现实与幻想之间的关系等。如迈阿密广告学校德国汉堡分校的师生为大众汽车设计的一组交通安全主题的公益广告中(图4-32),消火栓、垃圾桶和邮筒的影子都是一个人的形象,展示了在酒精的影响下,醉酒的司机看到的物体与现实之间的差异,从而提高安全驾车的意识。

图4-31 2012年/曼秀雷敦双效美白润手霜:鸽子/兔子/天鹅(中国、香港)

⑦ 空间。招贴设计中的图形还常常注重空间效果的处理,采用透视的视觉原理,使画面呈现丰富的三维立体感,丰富观者的视觉感受,使其产生身临其境的真实感。同时,设计者还可以利用空间独特的视觉感受,创造出具有错觉感的空间效果,引发观者的兴趣。如荷兰图形艺术家埃舍尔的作品就利用人的视觉错误,让他的作品在三维空间里游戏。他的《凸与凹》、《上和下》、《观景楼》、《瀑布》等作品,以非常精巧考究的细节写实手法,生动地表达出各种荒谬的结果,几十年来,始终令人玩味无

穷。他说：仅仅是几何图形是枯燥的，只要赋予他生命就其乐无穷。澳大利亚Junior广告公司为布里斯班康拉德金库赌场设计的广告，就是在埃舍尔《上和下》作品基础上的再创作（图4-33）。

⑧ 文字。文字是人类用来记录语言的符号系统，最早的表现形式就是来源于图形，如象形文字等，经过几千年人类文明的演变，才形成现在我们所熟知的样子，因此文字本身就具有一些图形的元素，特别是中国的汉字，至今还保留从视觉上即可传情达意的直观效果。例如不正为"歪"，不好为"孬"。

招贴中，将文字图形化，即把图形作为文字的一部分，达到字图一体，使文字本身的内在含义与图形的外在形象紧密结合，增强了招贴的直观性。奥美（香港）广告有限公司为国际奥比斯组织的募捐活动设计公益广告，在画面中直接把汉字和拉丁字母作为图形来设计。用以说明该组织是致力于为世界各国盲人和眼疾患者恢复光明的国际性慈善机构。该组作品荣获了2012年戛纳国际创意节平面广告铜狮奖（图4-34）。

图4-32/2015年/大众汽车：消火栓/垃圾桶/邮筒（德国）

图4-33/2015年/康拉德金库赌场：你去探索（澳大利亚）

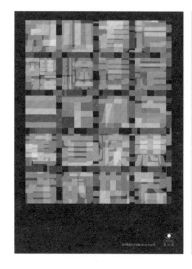

（2）视觉的意象重构

意象是人的主观情致和客观物象的结合，视觉意象由于其独特的视觉效果和美感经验，在表达情感方面具有独特的魅力。视觉意象的表达就是观者的"意"与广告画面中的"象"相融合，内心情感与外界形象的统一。视觉的意象重构是对有关过去视觉的感受或知觉经验的再创造。

① 虚实。所谓"虚实"的设计方法是指设计者在招贴创意过程中，以"虚"来表现"实"，或以"实"来表现"虚"。用比喻的手法达到"借景抒情"、"托物言志"的效果。如上海电通广告有限公司为中国元素国际创意大赛设计的宣传广告，画面中"实"的是A、B、C三个字母，"虚"的是中国书法，以此寓意：包容，并非失去文化自我。语言、文字，民族立身之本（图4-35）。

通常情况下，人的感觉或思想是虚的，而通过这些感受所联想的人或物是实。比如在招贴设计中，可以用鸽子或橄榄枝的图形来表现和平这一思想主题，也可以用硝烟、炮火来体现战争；用大海来表现宽阔的胸怀；用春天的嫩芽来象征新的希望；还有中国的"梅兰竹菊"，竹子象征着生命的弹力，兰花象征着美好、贤德、贤贞，梅花象征着坚强、高雅、洁身自好等美好品格，而菊花象征不拘与傲骨的精神。

图4-34/2012年/戛纳国际创意节/铜狮奖/奥比斯募捐：混乱/困难/难题/笔画（中国香港）

② 关联。生活中，人们总是通过不同的视觉经验来判断和组合画面，而视觉经验中出现的内容总是有一定的时间或空间关联性，如看到树林就会想到小鸟；看到花朵就会想到蜜蜂；看到站台就会想到公车；看到水岸就会想到渡船等，这些图形的出现都具备关联性，也能成为招贴设计中的图形组合元素。如上海睿狮

图4-35/2010年/中国元素国际创意大赛:A/B/C(中国)

图4-36/2014年/3M皮棉辊:塞尔达/德克斯特/阿马德奥(中国)

图4-37/2012年/密保诺密实袋:鱼/辣椒/柠檬(中国)

第四章 | 视觉主角的图形　093

图4-38/2012年/生态环境：北极熊/大猩猩/虎（中国）

广告有限公司为3M公司旗下的思高随手粘设计的产品广告，画面中抖动身体的狗儿们让狗毛飞扬，家中衣物必然"受灾"，进而联想到处理狗毛就必须使用随手粘（图3-36）。

③ 对比。对比往往能使事物与事物之间更加突出特点，由于对比的事物在外形和性质上完全相反，因此当看到一件事物的形象时会不由地想到与之相反的事物，这种形式也常常出现在招贴的图形应用中。比如干涸的土地使人想到茂密的树林；充满硝烟的战场让人渴望和平的世界；饥饿的眼神让人想到美食的渴望等。而奇思创想北京设计公司为美国庄臣父子公司旗下的家庭储藏产品品牌，密保诺密实袋设计的产品广告，则是在画面上用风干和新鲜的鱼、干瘪和新鲜的辣椒以及柠檬片作对比，体现密保诺密实袋储藏蔬果生鲜和干货零食，能够保持食物新鲜卫生（图4-37）。

④ 因果。任何事物有因必有果，这也是图形组合的一种方式。很多招贴设计都采用这种方式，如上海电通广告有限公司发布的公益广告，画面中用人类和动物共生共存的关系表达如果破坏生态平衡等于自杀，用以警示人类应该像对待朋友一样善待动物，而不应该伤害它们（图4-38）。

五. 作业命题

1. 时报金犊奖

金犊奖是全球华人地区的学生广告活动，每年都有来自世界各地的学生参与。金犊奖的创办，是为了协助广告业界培养广告新兵，让广告教育能够往下扎根，提供学生一个创作平台，鼓励并提升新一代广告新鲜人创作水平。

（1）大赛简介

时报金犊奖是一家将媒体与市场推广服务合并一体；并利用最广泛的媒体资源去接近华人世界高中及大学生，也是深入全球华人高中及大学生的广告与设计的创作奖项。本活动目前已得到海内外700余所院校师生的大力支持。

时报金犊奖已成为一项重要的校园活动，在学界和业界之间架起桥梁，成为学生毕业进入企业或广告公司的敲门砖，并为业界输送成品人才。

（2）发展历程

金犊奖自从1997年进入大陆地区以来，截至2012年，在中国大陆已经连续举办十五年，从最开始的几百幅作品发展到2011年的2万余件作品。参赛的学校也由原来的一百多所高等学校增至七百余所高校参加，辐射到20余个省份。海峡两岸的广告教育和学生作品交流也从而得以实现和发展！

2. 获奖作品

创办于1992年的时报金犊奖，自1998年（第七届）来到大陆，北京印刷学院视觉传达专业学生1999年参加该项赛事，并在该年度的竞赛中取得了好成绩。自1998年、2005年至2013年共10届555名学生的努力下，于2013（第二十二届）时报金犊奖大赛中摘得金犊奖。盘点十年的收获，学生们荣获了包括金犊奖、银犊奖、铜犊奖、校长奖在内的198个奖项（图4-39～图4-56）。

 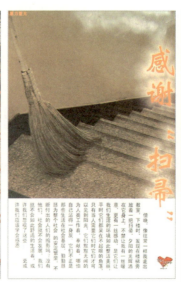 

图4-39/2006年/时报金犊奖/决审/佳作奖/感恩基金会：鞋子/扫帚/镜子（作者：关红丽、崔延慧/指导：刘秀伟）

第四章 | 视觉主角的图形　095

图4-40/2008年/时报金犊奖/决审/优选奖/搜狐新闻：后羿/哪吒/太极（作者：高瑞涛、曲晓艺、王馨/指导：刘秀伟、夏小奇）

图4-41/2008年/时报金犊奖/决审/佳作奖/义守大学：篮球/足球（作者：高瑞涛、曲晓艺、王欢欢/指导：刘秀伟、夏小奇）

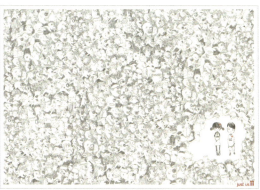

图4-42/2009年/时报金犊奖/决审/校长奖/just us：闪靓篇/吸引篇（作者：高瑞涛、王鑫/指导：刘秀伟）

图4-43/2009年/时报金犊奖/优选奖/旺旺公益: 关注环境之绿叶篇
（作者: 乔羽、李雨潆/指导: 刘秀伟、夏小奇）

图4-44/2009年/时报金犊奖/决审/佳作奖/旺旺公益: 循环篇
（作者: 潘章其/指导: 刘秀伟、夏小奇）

图4-45/2009年/时报金犊奖/初审/二等奖/台北市: 水果篇/茶叶篇（作者: 潘丽斯/指导: 刘秀伟、夏小奇）

第四章 | 视觉主角的图形　097

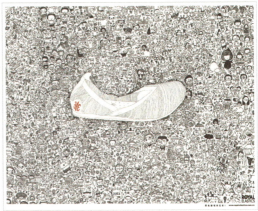

图4-46/2010年/时报金犊奖/决审/佳作奖/洛雅:涂鸦篇(作者:高瑞涛、周怡君、曲晓艺、宋诗婷/指导:刘秀伟)

图4-47/2010年/时报金犊奖/决审/佳作奖/永和豆浆:望远镜篇/放大镜篇(作者:高瑞涛/指导:刘秀伟)

图4-48/2011年/时报金犊奖/初审/大陆一等奖/TES电动机车:狗篇/猫篇(作者:王喜华/指导:刘秀伟)

图4-49/2012年/时报金犊奖/决审/银犊奖/TES电动机车:狼爱上羊/鹦鹉爱上孔雀/豹子爱上斑马篇(作者:张辛晨/指导:刘秀伟)

图4-50/2012年/时报金犊奖/决审/铜犊奖/松下:让你省去看这些(作者:安阳洋/指导:刘秀伟)

第四章 | 视觉主角的图形　099

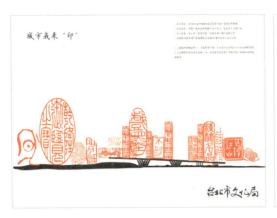

图4-51/2012年/时报金犊奖/初审/大陆一等奖/决审/佳作奖/城市我来"印"!（作者：张辛晨/指导：刘秀伟）

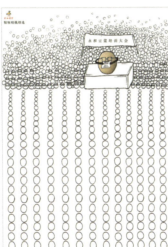
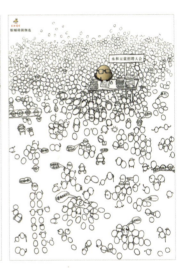

图4-52/2012年/时报金犊奖/决审/佳作奖/旺旺公益：精挑细选-竞选/培训/招聘（作者：刘燕/指导：刘秀伟）

图4-53/2012年/时报金犊奖/初审/大陆二等奖/松下"人工"智慧（作者：赵岩、李泽广/指导：刘秀伟）

图4-54/2012年/时报金犊奖/初审/大陆二等奖/旺旺公益:如何下咽?
(作者:杨婧博/指导:刘秀伟)

图4-55/2012年/时报金犊奖/初审/大陆二等奖/旺旺公益:血液篇
(作者:张烨/指导:刘秀伟)

图4-56/2012年/时报金犊奖/初审/大陆二等奖/永和豆浆:始终如一的信任(作者:景安然/指导:刘秀伟)

第五章 | 情感宣泄的色彩

开篇章	走进广告的世界	001
第二章	改变世界的创意	015
第三章	说明缘起的文字	039
第四章	视觉主角的图形	067
第五章	情感宣泄的色彩	101

色，包括"色知觉的色"和"色感觉的色"。彩，即多色的意思。色彩，无彩色系和有彩色系。中国人经常说："远看颜色近看花。"这句话说明色彩是最先映入眼帘的。而在今天这样一个快节奏生活的背景下，色彩的成功运用往往担当了树立品牌形象的重要角色。黑、白、灰无色彩虽然也有其稳固的消费市场，然而，企业运用有彩色创造巨大价值的成功案例比比皆是。

一、色彩应用

我们熟知的可口可乐公司成功一个重要的因素就是对色彩不遗余力地恰当运用，其户外广告也因色彩单纯且对比鲜明，从而为商品营造了独具个性的品牌魅力。我们可以把它称之为"红色的诱惑"。

世界上第一瓶可口可乐于1886年诞生在美国。这种神奇的饮料以它不可抗拒的魅力征服了全世界数以亿计的消费者，成为"世界饮料之王"，甚至曾享有"饮料日不落帝国"的赞誉。红色是可口可乐永恒的创意，在兴奋活力之中有着高雅与庄严的心理感受，就像一阵红色运动旋风，充满生命的张力，使肌肉的机能和血液循环加快。同时还有着刺激食欲的特性，激发消费者对营养的需求和强身健体的渴望，更被用来传达有活力、积极、热诚、温暖、前进等含义的企业形象与精神。这一贯单纯的红色形成一种集中的视觉力量，仿佛是永远都不知疲惫的色彩。尤其重要的是，红色对于中国这样一个庞大的市场来说有着先天的优势。首先，我们中国人历来就喜欢红火的气氛，其次我们的国旗也是红色的，从一定程度上来说，红色已经成了中国的象征色彩，可口可乐用"中国人红起来"等一系列广告把自己的红色和中国红结合得淋漓尽致。2012年奥美中国首席创意长樊克明携手香港理工大学设计学院大二学生麦朗为可口可乐设计的"可乐手"户外海报拿到了该年度户外广告的全场大奖，这是中国在参加该赛事的最好成绩。同年，上海奥美作品"可乐手"在Spikes Asia 2012亚洲广告节上再添佳绩，赢得了户外单元、平面和海报单元的两项全场大奖以及户外单元、平面单元金奖。2013年"可乐手"再创佳绩，The Big Won Report授予2012年全球最佳户外广告荣誉。而后，该作品作为可口可乐公司"Open Happiness（快乐畅开）"全球营销活动的一环，"可乐手"于2012年4月正式推出，鼓励人们分享享用一瓶可乐时的精神和欢乐（图5-1）。

广告招贴中的色彩是受具体商品个性影响的，菲律宾马卡蒂市李岱艾广告公司为德国Boysen油漆所做的平面广告是一个很好的例证。作为高品质油漆品牌，如何巧妙而快速地向客户说明其油漆的高品质、无污染，这一点至关重要。设计师抓住该企业是德国唯一一个推行化工协会国际联合会"责任关怀"理念的公司。承诺要在改善健康、安全和环境质量等各个方面不断努力。这项成就为公司在东南亚推行环保愿景做出了重大贡献。广告作品为庆祝企业这个贡献，设计团队使用高速摄影、频闪灯、水泵、溅水技术、淋浴头、混合碗和Boysen油漆，创造出精致和戏剧性的具有异国

图5-1/2012年/戛纳国际创意节/大奖/可口可乐：可乐手（中国）

情调的植物。这一作品增强了Boysen品牌对环境安全承诺,并帮助他们提高了德国第一涂料制造商的声誉。这组作品荣获了2009年戛纳国际创意节平面广告铜狮奖,以及2010年纽约国际广告节艺术与技巧类铜奖(图5-2)。

二. 色彩特性

通过学习前面的色彩应用实例,可以看到色彩的确能使众多的设计作品锦上添花。毋庸置疑,色彩是视觉表现的重要因素,然而在黑暗中,是看不到眼前的形状和色彩的,这是因为没有光的存在。有光即有色。

1. 光与色

色彩的产生实际上是光线刺激人的视觉和大脑而发生的一种视知觉作用,没有光就没有色彩。具体过程是这样的,光照射在物体上,物体吸收了某些色光、同时反射了其余的色光,其余的这些色光透过视觉器官传到大脑,最后由大脑感觉到色彩。

2. 三要素

任何一种色彩都有三种属性:色相、彩度和明度,也叫色彩的三要素。如同音乐一样,色彩是一种感觉。音乐需要依赖音阶来保持其秩序,从而形成一个体系。同样,色彩的三属性就如同音乐中的音阶一般,可以利用它们来维持

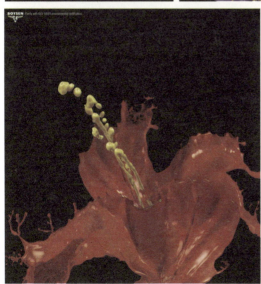
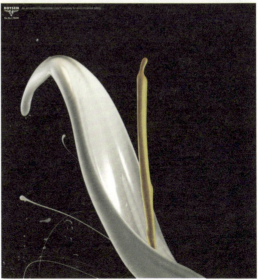

图5-2/2012年/戛纳国际创意节/铜狮奖/Boysen油漆:黄铃/紫罗兰/兰花/芙蓉/百合(菲律宾)

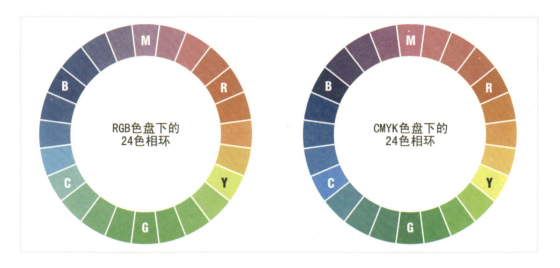

图5-3/二十四色色相环示意图

诸多色彩之间的秩序,形成一个既容易理解又方便使用的色彩体系,那么将这些色彩排成一个圆环就叫作色相环(图5-3),色相环中有十色相、十二色相或二十四色相等。如果对色彩的三要素能够进行合理利用的话,它将会助力于广告招贴作品中情感、诉求与联想的表达。

(1)用色相助力情感的表达

色彩三要素之一:色相。简单讲就是指颜色的相貌,如同色相环上的任一颜色都呈现不同的相貌特征,我们可以赋予它们各自不同的名称,如赤、橙、黄、绿、青、蓝、紫等。不同色相能启发大众对具体事物的联想与心理感受,如

不同色彩对应不同的行业、产品、年龄、性别、情感、关系等,对于已取得普遍共识的色彩心理反应在广告招贴设计中应作为参考依据,若不做考虑或过分突破将会冒很大的风险。如伊斯坦布尔百孚思广告有限公司为土耳其境内的中华饭店所做的广告,在色彩上直接使用中国红和筷子形象,清晰诉求中国特色(图5-4)。

这里还要着重强调一个补色的概念。在色相环上任意180度两端相对的两色互为补色。补色在视觉上产生强烈的对比关系,如红与绿、黄与紫、蓝与橙。如芬兰赫尔辛基的哈桑伙伴广告公司,在为Vepsäläinen家具公司成立60周年设计的广告中,采用的就是补色强对比的形式来完成的。虽然画面中存在色彩渐变和调和的白色的形式,但补色对比关系依然能够清晰可见。这里的补色对比不仅象征着客户和商家"对立"的双方,同时也融入了"沟通"与"互动"的情感内涵(图5-5)。

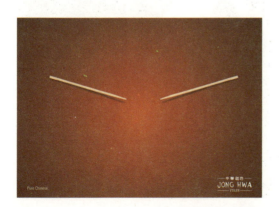

图5-4/2013年/中华饭店:纯粹中国人(土耳其)

(2)用彩度助力诉求的表达

色彩三要素之二:彩度。彩度也叫饱和度或纯度,指颜色的鲜艳程度。例如,我们画画时,刚从颜料管里挤出来的颜色彩度是最高

第五章 | 情感宣泄的色彩　105

图5-5/2016年/Vepsäläinen Oy：几十年的设计（芬兰）

的。当纯色两两相混合，其彩度就会降低；在纯色中加入不同明度的灰也会减弱其彩度。高彩度色彩给人以醒目、单纯之感；低彩度色彩给人以细腻、含蓄之感。扬罗必凯（北京）广告有限公司为潮流埃德·哈迪设计的一组广告，则用高彩度的黄色、玫红和淡绿色彩显现女性腰身，衬托该品牌利用刺绣、水洗、泼墨等技巧，营造出颓废而糜丽的感觉，再结合出自于大师手笔的飞鹰、猛虎、骷髅、恶魔、匕首及裸女等文身图案，制作出一系列服装的特点，引起消费者的联想（图5-6）。

现代广告招贴设计中的商业广告经常使用提高或降低彩度的手法来突出某一个形象的主体地位，其原理就是指色味较厚的强色（即鲜色）与色味较薄的弱色（即浊色）之间产生了对比。如西班牙马德里市灵智品牌策划有限公司为英国利洁时集团旗下的渍无踪牌洗涤产品设

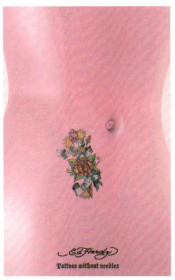

图5-6/2012年/埃德·哈迪服装：纹身贴纸（中国）

计的广告（图5-7），言简意赅地对Vanish牌洗涤产品的去污功效进行了有效的夸张，诉求极其到位。实际上这则广告就是采用的彩度对比法——大幅度降低水果的固有色彩，甚至接近了灰色，从而与绿色枝叶和承载物形成纯与灰的对比，故意加大颜色的视觉冲突，明确地道出了广告的诉求点。

（3）用明度助力联想的表达

色彩三要素之三：明度。明度指的是色彩的明亮程度。高明度的色彩具轻快、活泼、优雅之感；低明度色彩给人厚重、稳定、忧郁之感。

在纯色中，一般来说，黄色明度最高，紫色则明度为最低；而在单色调的设计作品中，画面丰富的层次变化就是通过明度来体现的。美国芝加哥博达大桥广告公司为世界上最大的民用与军用飞机制造商，在全球航空航天业被称之为领袖的波音公司设计的一组广告，就是利用我们在色彩构成中学过的单色相蓝色、绿色、红色的明度推移的方法来设计的（图5-8）。该组作品荣获了2016年戛纳国际创意节户外广告银狮奖。在2016年戛纳国际创意节平面广告中

图5-7/2008年/渍无踪洗涤剂：番茄/蓝莓/薯条（西班牙）

图5-8/2016年/戛纳国际创意节/银狮奖/波音：飞奔/快速移动/激动（美国）

第五章 | 情感宣泄的色彩　107

图5-9/2016年/戛纳国际创意节/入围奖/Seub Nakhasathien基金会：树（泰国）

入围的，由泰国曼谷奥美广告有限公司为Seub Nakhasathien先生慈善基金会设计的标题为树的系列广告中，用摄影形式表现出近似于中国水墨画，墨分五色的明度推移效果。这种无彩色系的单色调设计毫不逊色有彩色系，用深沉的画面提醒泰国人民关注森林保护。因为森林正在以每60秒失去259,200平方米惊人的速度消失，进而使每天有137种野生物种灭绝。这意味着森林的消亡使栖息在这里野生动物也随之死亡，在40年的历程中灭绝了52％物种，如果我们现在不制止这种威胁森林的行为，意味着我们将面临人类的消亡（图5-9）。

三. 色彩情感

从视觉心理上来说，色彩可以诱发我们产生各种感情。有助于设计作品在信息传达中发挥感情攻势的心理力量，从而刺激需求，达到促销的目的。这里介绍一些平面广告作品中运用色彩做到情感表达的案例。

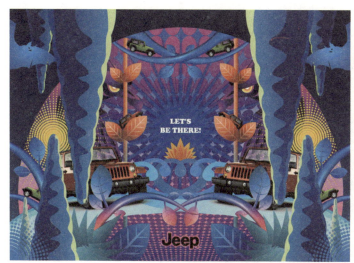

图5-10/2008年/吉普牧马人：洞穴/雨林/沙漠（中国）

1. 色彩的华丽感

一般来说，广告设计中使用华丽的色彩有助于提高商品的档次。如北京天联广告有限公司为吉普旗下的专业级四驱利器吉普牧马人设计的系列广告，遵循吉普独步全球的"全路况智驱体系"核心技术理念，用高彩度华丽的色彩表达出该品牌是帮助你突破人生现有范畴与禁区，探索未知世界的最佳选择（图5-10）。

2. 色彩的冷暖感

色彩的冷暖感可表现商品的特性。下面看一下上海李戈斯雷尼广告公司为亨氏辣椒酱设计的产品广告，画面中百分之九十以上的面积都是红色，由于红色是暖色系，因而广告给人火辣辣的感觉。强调了人们食用辣酱以后的感受。该系列作品荣获了2014戛纳国际创意节户外广告铜狮奖（图5-11）。

3. 色彩的明暗感

色彩的明暗感可使受众感到愉悦或悲伤。比如暖色、明色、纯色具有明快、活泼、愉悦的感觉，容易感染广告的读者。如波哥大恒美广告有限公司为美国著名玩具公司、孩之宝旗下

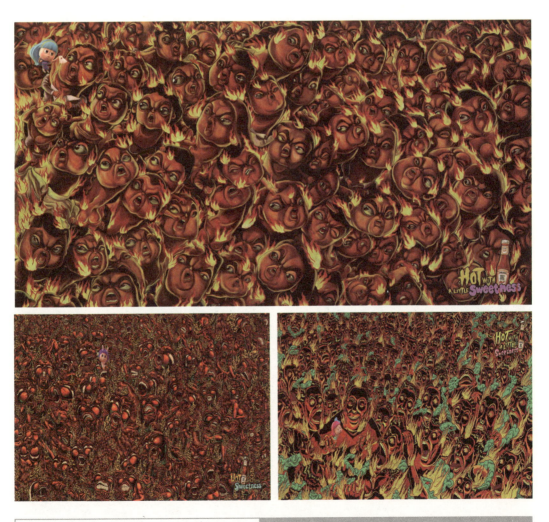

图5-11/2014年/戛纳国际创意节/铜狮奖/亨氏辣椒酱：手帕/风扇/亲吻（新加坡）

的培乐多品牌,设计的平面广告就运用了高明度底色衬托高彩度"播放按钮",对这款启发儿童创意、发展儿童身心智能,陪伴小朋友一同成长的产品进行了恰当地宣传。丰富而鲜艳的色彩,预示着它们可互相混合,变化出更多更丰富的色调。该系列广告2016年入围戛纳国际创意节(图5-12)。

4. 色彩的味道感

色彩也能使人产生味觉联想,高彩度"真实"的色彩对于人的味觉识别有很大的帮助。一般情况下用红色或橘黄等色来表现甜的感觉,给人以美味的联想,而灰色、紫色、蓝色就不适合表现这些美食了。如新德里氧气贰点零市场策划有限公司为Big Gulp冰激凌设计的产品广告,满铺画面的高彩度红色和绿色背景,衬托

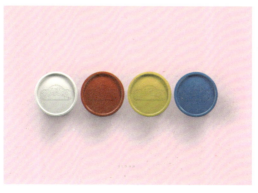

图5-12/2016年/戛纳国际创意节/入围奖/培乐多:水手/龙/战士/鹰/小丑(哥伦比亚)

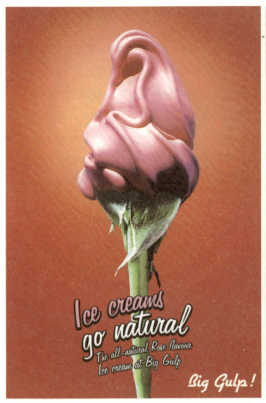

图5-13/2008年/Big Gulp冰激凌:玫瑰/芭蕉(印度)

用冰激凌做成的玫瑰花和芭蕉,让人一看就感受到冰激凌的甜美和自然(图5-13)。而冰岛花园镇,The Vatikan广告有限公司为Hlunkur雪糕设计的平面广告与Big Gulp冰激凌广告的用色如出一辙(图5-14),同样使用高彩度的红色(樱桃)、绿色(开心果)和绿色与黄色的组合来刺激消费者的食欲。再看麦肯(孟买)广告有限公司为比巴卜泡泡糖设计的平面广告

图5-14/2010年/Hlunkur雪糕:樱桃/开心果/果蕉(冰岛)

（图5-15），把水果概括成高彩度色块，其清新的色彩直接诉求出泡泡糖的口味，消费者不需多看广告画面的细节，就能直接联想到比巴卜泡泡糖清爽怡人的口感。该系列作品荣获了2014戛纳国际创意节户外广告银狮奖。

四. 色彩组合

广告招贴中色彩的功能是向消费者传递商品的信息或某一特定的主题。通过前面的学习，可以知道，不同的色彩可以给人以不同的感觉。现在来看一下，不同的色彩组合在一起运用能产生什么样的对比效果。实际上，在广告招贴设计中，色彩总体上充当了这样五个角色，也就是主角色、配角色、支配色、融合色、强调色（图6-16）。通过看它们的名字得知，我们是把颜色当作电影角色来看待的，将其换作电影语言来理解，主角色对应电影中的"主角"；配角色对应电影中的"配角"；支配色（也叫背景色）对应电影中"故事发生的社会、时代背景"；融合色可使画面协调，对应电影中的"电影艺术表现手法"；强调色目的是突出主要信息，应对电影中"电影旁白等表现手法"。

广告招贴设计中色彩的五种角色，从不同层次丰富了设计色彩的表达层次，使设计作品的表达更为多元化、艺术化，从而帮助广告设计师更有效地进行色彩计划和色彩配置。

1. 主角色直指诉求理念要点

主角色也叫主色，是广告招贴画面的视觉中心，承载着传达第一视觉信息的作用，能使整个作品画面色彩明确、层次分明。主角色一般会采用鲜艳的色彩形成观众的视觉兴奋点。如奥美（北京）广告有限公司为美国金佰利旗下的好奇纸尿裤品牌设计产品广告，采用高彩度的蓝绿色、黄绿色和蓝紫色绘制出水和浪花，并影响到画面底部色彩，很明显这些色彩占据

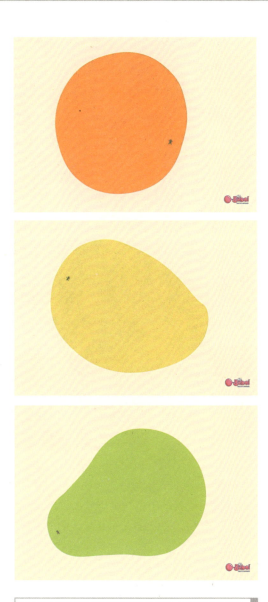

图5-15/2014年/戛纳国际创意节/银狮奖/比巴卜泡泡糖：橘子/芒果/鸭梨（印度）

图5-16/广告招贴设计中的色彩角色

图5-17/2010年/戛纳国际创意节/铜狮奖/好奇纸尿裤:哥伦布/白雪公主/佐罗(中国)

的就是主角色的地位,并直指广告的诉求点。该系列作品荣获了2014戛纳国际创意节户外广告铜狮奖(图5-17)。

2. 配角色衬托主角色的魅力

配角色的存在主要是衬托主角色的魅力,使主角色更加精彩。假如配角色使用的是主角色的对比色(对比色是指在色相环上任意130度两端相对的颜色,如:红与蓝、黄与蓝、绿与橙),能使主角色顿时充满活力、令受众印象深刻。如阿拉伯联合酋长国天联(迪拜)广告有限公司为世界五百强之一的英国利洁时公司旗下的爽健品牌设计的产品广告中,在主、配角色彩上就是使用对比色完成的。其色面积几乎相当的黄色与蓝色,即倍增了主角的魅力,又体现了

图5-18/2008年/爽健：脚很重要（阿拉伯联合酋长国）

英国爽健是世界足部护理产品第一品牌的特质（图5-18）。

3. 支配色控制画面色彩感觉

支配色也叫背景色，它支配着画面的整体色彩感觉。画面背景色不同，所营造的氛围也会完全不同。在李岱艾（里斯本）广告有限公司为麦当劳圣代冰淇淋设计的产品广告中，整个画面背景的色彩都是和主角色同色系，但明度相比较高的色彩，其较淡的色彩衬托高彩度色，画面调和使人感觉产品极其香甜可口，消费者只要看上一看就有食欲。倒置的杯碗形象地体现了冰棍的特点，也说明了这种软体冰淇淋，经过均匀搅拌后，倒杯不洒的特点。如此精心的设计一杯杯圣代冰淇淋广告，彰显了麦当劳是全球大型跨国连锁餐厅，在很多国家代表着一种美式生活方式（图5-19）。利用背景色来控制整体画面色调的例子十分常见，这里就不再赘述。

图5-19/2015年/麦当劳圣代冰淇淋：冰棍（葡萄牙）

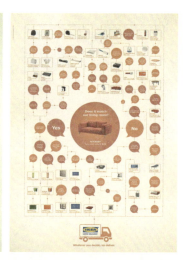

图5-20/2016年/戛纳国际创意节/金狮奖/宜家;床/烤箱/沙发(德国)

4. 融合色收敛画面游离状态

　　融合色是收敛画面游离状态的一类色彩，能够使广告招贴的画面色彩在一定程度上达到平衡、协调、收敛，从而形成统一的整体。如恒美（柏林）广告有限公司在为瑞典宜家集团设计的广告中（图5-20），其主角色分别为蓝色、绿色和橘色，而为表现众多消费者针对某一商品会有不同的评价，即购买或者不购买，画面中使用了众多的对话框。如果这些对话框全部使用同一色彩，不仅会影响主角色的突出地位，也会影响画面整体视觉效果。于是设计师们采用同色系高明度的底色和以同色系低彩度不同大小的对话框与主角色区分开来，使画面和谐统一。此外，增加明度值、降低彩度值的蓝色、绿色和橘色与画面底部车辆的色彩遥相呼应，令游离的画面增添了有效的颜色呼应与收敛。该系列作品荣获了2016戛纳国际创意节户外广告金狮奖。

5. 强调色令画面灵动与跳跃

　　强调色的面积小，但因其彩度较高，因此它能使画面灵动跳跃，令主要信息生动起来。如智威汤逊（北京）广告有限公司为英国吉百利史

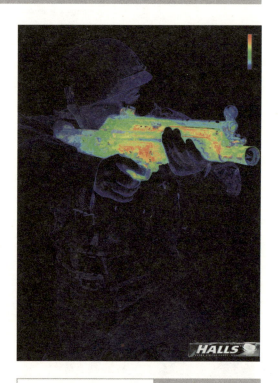

图5-21/2008年/荷氏薄荷糖;战士(中国)

威士股份有限公司，旗下的荷氏糖果品牌设计的平面广告，受众最大限度地将关注点集中在战士手中的枪上面。画面中大面积的蓝紫色衬托着小面积的黄绿色，无疑充当了一个强调色的地位，不仅令主要信息突出，而且增强了画面的神秘感，让观者产生遐想（图5-21）。

五. 作业命题

1. 全国生态文明(建设节约型社会)主题招贴设计大赛

该赛事自2006年开赛至今,赛事名称更改了三次。2006年,全国"建设节约型社会"主题招贴设计大赛;2008年,全国节能减排(建设节约型社会)主题招贴设计大赛;2013年至今,全国生态文明(建设节约型社会)主题招贴设计大赛。

(1)大赛介绍

由国家发展改革委环资司、中国经济导报社和中国发展网共同主办的全国生态文明(建设节约型社会)主题招贴设计大赛,在国家发展改革委领导的关心和支持下,已成功举办了八届,并得到了社会各界尤其是各大院校艺术设计专业学生们的热烈响应。

(2)大赛主题、创意关键词

大赛主题:建设节约型社会

创意关键词:节能、节水、节材、节地、资源综合利用、发展循环经济、建设节约型社会……

(3)参赛类别

a、招贴类;b、动漫类;c、信息交互类。

2. 获奖作品

自2006年全国"建设节约型社会"主题招贴设计大赛开赛至今,北京印刷学院设计艺术学院艺术设计系的教学团队与平面专业学生参加了第二届、第三届的赛事。师生们荣获了包括特等奖、银奖、最佳表现手法奖、最佳视觉效果奖、优秀奖、入围奖等50个奖项。图5-22~图5-31是与大家分享师生们在大赛中的获奖作品。

图5-22

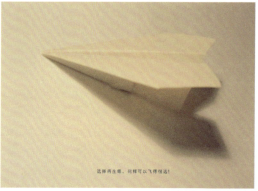

图5-22/2007年/节能减排/最佳表现手法奖/纸张再生,创意无限:东南西北/千纸鹤/纸飞机(作者:刘秀伟、韩翠霞)

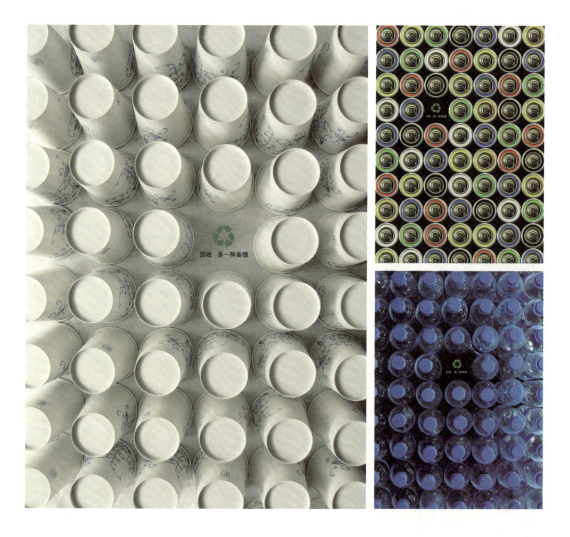

图5-23/2007年/节能减排/优秀奖/回收是一种美德:纸杯篇/电池篇/瓶盖篇(作者:高瑞涛、曲晓艺/指导:刘秀伟)

第五章 | 情感宣泄的色彩   117

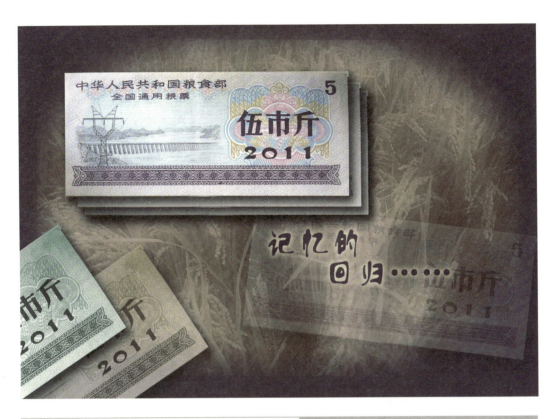

图5-24/2007年/节能减排/优秀奖/节约粮食：粮票篇（作者：沙建红、陈振中/指导：刘秀伟）

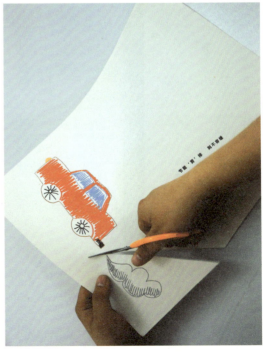

图5-25/2009年/节能减排/特等奖/节能减排：工厂篇/汽车篇（作者：李睿/指导：刘秀伟）

图5-26/2009年/节能减排/最佳视觉效果奖/还原真实、节约资源：火柴篇/筷子篇/铅笔篇（作者：陈厚/指导：刘秀伟）

第五章 | 情感宣泄的色彩

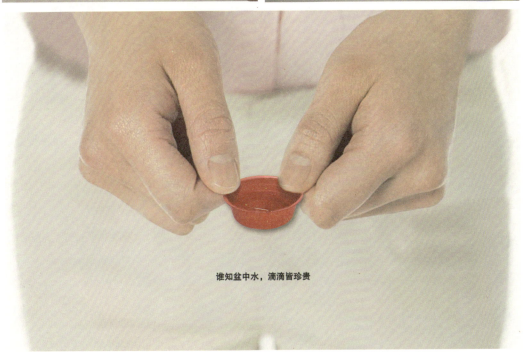

图5-27/2009年/节能减排/银奖/未来生活：桶/杯子/盆（作者：赵延初/指导：刘秀伟）

图5-28/2009年/节能减排/银奖/节约木材，保护树木：斧头/刨子（作者：潘章其/指导：刘秀伟）

图5-29/2009年/节能减排/优秀奖/价格: 扫把篇/拖把篇/竹织扫把篇 (作者: 潘章其/指导: 刘秀伟)

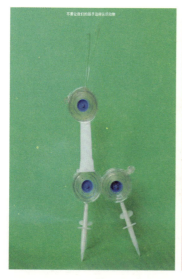

图5-30/2009年/节能减排/优秀奖/不要让我们的孩子这样认识动物: 小鹿/小鸟/小鱼 (作者: 张颖、赵楠/指导: 刘秀伟)

第五章 | 情感宣泄的色彩 | 121

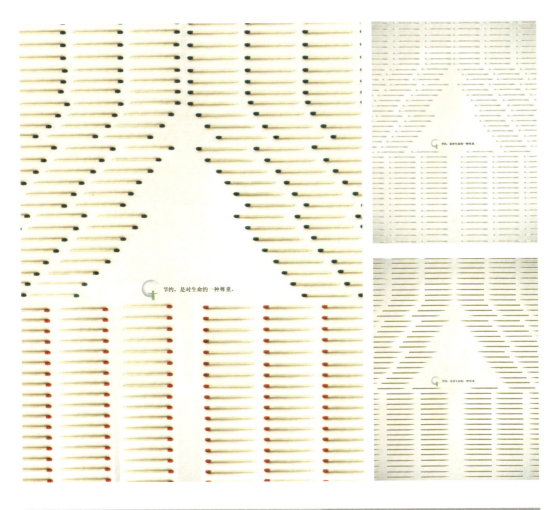

图5-31/2009年/节能减排/优秀奖/树:火柴篇/棉棒篇/牙签篇（作者:潘章其、王雪/指导:刘秀伟）